U0015550

Healing Conversations

what to say when you don't know what to say

療傷的對話

怎麼說才能安慰他

Nance Guilmartin

南絲·格爾馬丁_著　林雨蒨_譯

〈推薦序〉

療傷的對話，助人的高招

林蕙瑛

青年學子進心理系的目的是爲了「要幫助別人」，等他們受完四年專業訓練並開始接受實習時，才發現課本上學的理論與技術都用不上。面對因傷心而嚎啕大哭的案主卻啞口無言，眼見一個企圖自殺的男孩將自己的手腕割得如亂麻似的卻束手無策，再加上現實考量，原來諮商心理師的待遇是如此微薄，當年想要幫助人的熱忱雖仍在，卻有很重的挫折與無力感。

對於這些準專業助人者，我通常會給予三點意見：一，不要勉強自己去做不想做或不會做的事情，但是不要害怕去學想做的事。二，要好好地愛自己，先將自己照顧好，才有餘力去照顧他人。三，想助人，隨時就可以幫助身邊的人，並不是一定要走入助人專業，但是要成爲專業助人者，則務必要先學習幫助自己及生活周遭的人，亦即從身邊的人做起。

「助人」的需求是人性之一，而助人的行爲則是生活的一種方式，也是一種知易行難的人生哲學與教育。固然每個人的一生均有美好與痛苦的經歷，並且不斷地在累積經驗，但是很多人只能去忍受卻無法將這些經驗整理得具體清晰，然後在適當的時機以適當的言語與需要幫助的人分享，就連受過專業訓練的心理諮商師也不見得能處理各類案主的不同人生危機，化危機爲轉機。因此行爲學派中的社會學習理論所主張的「假想學習」或「二手學習」（Vicarious Learning），就是學習助人最好的方法，也就是去吸取或閱讀他人的經驗，作爲參考或借鏡。

當我一眼瞥見《療傷的對話》一書目錄時，心中一驚，作者南絲．格爾馬丁居然把人生中所有主要苦難全部網羅，從小狗過世、孤獨、憂鬱、搬家、分手、離婚、失業、破產、罹患重疾、親人死亡或朋友自殺等，這些不都是人生中重要的關卡嗎？格爾馬丁很神奇地搜集了包括自己及身邊許多人面對人生危機時的眞實案例，詳細生動地描述了恐懼、哀傷、痛苦、憤怒、責備、無奈等各種負面情緒及當事人渴望求助的心情。單單讀目錄中每一章各小節的標題，就足以令我心顫抖，每一句標題都帶有震撼力與引導性，畫龍點睛地將每節內文帶出來，吸引我迫不及待地逐頁閱讀，吸吮其精華。

作者在文中強調這不是一本專業的心理治療書籍，但事實上，本書的精神卻是不折不扣的心理治療，根基於情緒困擾之認知模式。認知心理學家貝克（Beck）主張，若要瞭解情緒困擾的本質，必須將焦點放在個人對於引發困擾的事件之反應或想法。人生不可能沒有挫折或困難，我們都有需要幫助的時候。當自己想不通時，就會繼續被情緒所困擾而跳不出來。此時，身邊若有人能夠與我們展開療效對話，亦即在正確的時間使用正確的能量來陪伴著我們，專注傾聽，鼓勵我們對於自己的不幸能有新的想法或反應出現，往後才能以新的方式存在於我們的生命與生活之中。

專注傾聽、同理心及沉默均是心理諮商最基本的技術，有時候不必多說什麼，只要幫助對方多開一扇門，他就可以多述說內心感受，對他而言也就足夠了。但面對想離婚者或自殺者來求助時，就得開口對話了。同理心當然是必須的，卻不能跟著她大罵她的配偶，還是得讓她替自己的婚姻做抉擇，而藉著對話來讓萬念俱灰的人找出自己生命的意義，願意存活下去，才是助人的高招。《療傷的對話》這本書對於每一個案例均列出高招，教導我們在眞誠的人際關係中，將這些高招不著痕跡地應用在當事人身上，使其眞正獲益，而助人者自己也能學習良多，跟著成長。

「讀書治療」原是行爲學派及認知治療常用的認知改變技術，作者在本書中亦提到此法。不論是有關離婚調適或癌症預後的書籍，若我們建議親朋好友閱讀，自己一定要先讀一遍，才知道哪裡派得上用場，才能振振有詞地與需要幫助的人討論及互給回饋。這本書我看了兩次，愛不釋手，留在身邊作爲自助助人的小聖經書，可以隨時翻閱。謹在此鄭重推薦給讀者，不論你是專業助人者或業餘助人者，你都會發現這是本終生受用的好書，協助他人度過難關，幫助自己成長。

（本文作者爲東吳大學心理系副教授）

〈推薦序〉

讓傷痛轉化成爲生命美好的禮物！

葉服明

「傷害底下藏著美好的禮物」。每個人一生當中都會經歷傷痛，在這些過程當中，如果有人支持、陪伴與鼓勵，會比單靠自己努力來得容易穿越痛苦、迎向新的生命旅程。因此，整個社會應該建立一個「支持系統」，一個除了醫生、心理諮商師等專業人士之外的心靈支持系統，讓人與人之間能夠彼此守護、相互支持，讓受傷的心能夠有一個歇息、療養的空間。

十多年的群眾帶領、諮商輔導以及課程演講等經驗，讓我接觸了數十萬人次以上來自社會各階層的人們，從八歲的孩童到七十多歲的老人，從家庭主婦、勞工階級、上班族、各行各業的老闆到政治人物。

我發現，不管是誰，知道並且感覺到有人支持我、愛我是非常重要的，這會讓一個人在傷害中成長、在毀滅中新生、在逆境中贏得成功。

因此，學習如何去支持他人及愛人是很有價値的，同時，學習如何去接受別人對我們的愛，將讓我們更容易走出痛苦、困惑，重新發現生命的美好。在這本書中，透過眞實的故事，以人生會遇到的多種重大事件爲主軸，不帶教條式地引導我們進入傷痛者的心靈世界（包括我們自己），並且提供「陪伴療傷」的方針、原則以及給出或接受支持的「對話藝術」，讓我們可以幫助家人朋友走出傷痛，也可以在自己受傷時懂得呼求幫助。我認爲，這是一本很棒的書，它可以誘發心靈中那些美麗、良善、貼心的話語，讓受傷的心得到釋放、轉化與解脫。

在我們的周遭一定有很多的人需要我們支持；在生命的歷程中我們也需要很多人的支持。如果有這樣的一本書，它可以深入瞭解「如何支持」，那麼，就可以省去我們很多摸索的時間，並且，增加支持的意願，進而提昇彼此的生命品質。你我不需要是專家，只要有一份美好、慈悲的意願，願意去幫助別人也提昇自己，整個社會將因這份心意而更美好。邀請您，共同進入本書的心靈世界，讓傷痛轉化成爲生命美好的禮物！

（本文作者爲天堂島身心靈整合工作坊首席訓練師、《打開心靈的寶盒》作者）

本書獻給每一位在人生不確定的時刻，把握機會提供或尋求療傷對話的人。

本書也獻給康妮，當我以爲自己無法做到的時候……她的智慧幫助我超越。

目錄

Chapter 1 當你需要朋友時

Chapter Ⅱ

健康問題

Chapter Ⅲ 職場上的療效對話

Chapter Ⅳ 過渡時期：心理、神識、身體與靈魂

Chapter Ⅴ

失去所愛

❖進入療傷的對話

你有沒有遇過這種情形：想要對一個正在難過的人伸出援手，卻不曉得該說些什麼才好。我最要好的工作夥伴雪莉第三度流產時，我就是如此。醫生曾經警告雪莉，要是再度懷孕的話，可能會危及生命。我沒有小孩，對於這個一直冒著生命危險想孕育子女的好友，我不知道該說什麼，甚至不知道和她在一起時該表現出什麼樣的態度。

我覺得自己很差勁，但也決心要找出幫助她的方法。我鼓起勇氣打電話給大學老友的妻子羅絲，她曾因流產而失去小孩。雖然我和羅絲並不熟，我還是請教她，要對一個失去胎兒的人說些什麼才有幫助。「別說太多，」羅絲說，「只要聽就好。不要試著提出一些好像很簡單的答案來解決事情。不要以爲告訴一個想當媽媽卻失去小孩的人，這是上帝的旨意，或是她可以領養小孩，這樣就能夠安慰她。雖然這對你來說可能很困難，但不要試著爲這件事找出什麼道理。就讓她說……不管她說什麼都好。」

我寫這本書的原因之一，就是我們每個人可能都會面臨一種情形：想要安慰我們關心的人，卻不知道該說什麼、做什麼，或如何和他們相處。或者，**我們自己**也可能處於低潮，不曉得如何要求或接受所需要的幫助。這本書並**不是**一本「自立自強」的指導書籍。它帶給讀者的是，當面臨不確定、過渡期、改變、失去等這些人生中不可避免的、令人手足無措、散亂或沉痛的時刻，你要如何對別人伸出援手，**以及**如何接受別人的安慰。

二〇〇一年九月十一日的恐怖攻擊事件發生後，本書的內容變得與我們的日常生活——突然的死亡、差點錯過、因外力之故而失去工作，或是在工作環境中有同事死亡——更直接相關。本書談的不是九一一事件，事件發生時，書才正要付梓。不過，九一一事件卻可能令我們更加意識到安慰與療傷對話的重要。

我們**究竟**要如何學習以一種眞的能安慰別人的方式，去陪伴需要安慰的人，不管事情是多麼令他們或我們手足無措？若有天在工作時，你聽說某位同事的父親或母親突然過逝，或是有幾個員工被裁員了，抑或是你的客戶得了癌症，你幫得上忙嗎？你**應該**伸出援手嗎？什麼會派得上用場？我們要遵守什麼樣的人際界限？又要如何在話語靜默之間停下來聆聽，以撫慰一個處於恐懼或痛苦中的人？當我們覺得不好受的時候，我們能開口要求那些令自己安心的事物嗎？我們能有尊嚴地去接受嗎？

對我們許多人來說，眼看著一個人痛苦或不安是件很難受的事。我們常想解決這個人的問題，或自己出面處理，不管怎樣都要讓他們立刻就好過一點。然而爲了避免說錯話，有些人則會選擇什麼都不說。本書提供一些指導方針，幫你架起溝通的橋樑，並讓你比較容易就表達出你的關切。這些動作（或是不動作）的指導方針幫你在面臨書中故事以外的情形，或是當你還沒有做好準備或突然遭受打擊時，也能作出反應。舉例來說，即使書中並沒有「逃學」這個篇幅，但當一個做爸爸的人發現兒子逃學，而且惹上很大的麻煩，他應該能利用本書所列出的指導方針，和兒子進行一場能夠療傷的對話。

書裡的故事都是眞人眞事*，在此與你們分享，希望你們讀過以後，碰到需要伸出援手或聆聽的情形時，能夠提供別人眞正所需。你可以跳著閱讀（你可能覺得有先看某個特別篇章的需要），又或你想從頭看到尾，幫助自己做好準備，以在事情突然發生時，能做出情感上的第一道療傷。

這本書並不是要教人做正確的事。它是個邀請，邀請你**站在別人的立場**，如

*為了保護隱私權，部分姓名和情節做了修改。

此，當你看到別人的故事時，你可能更懂得給予、要求或獲得慰藉。有時候，故事並不會提供你多少建議或指導，但我相信，單是看到別人的經驗，你就會對人在那種情境中的感受更加敏感，這樣你就會瞭解，在類似的情形下，該對他人說些什麼或如何陪他渡過難關。

我們是說故事的人，不是提供你專業意見的顧問或心理學家。我們提供自己的經驗，告訴你什麼有用、什麼沒用，以及一些我們但願自己當時就知道需要開口要求的事物。這些故事也請你在試著幫助他人時，暫時停頓，思考**你自己**的需要。

我是個「突破瓶頸指導者」（breakthrough coach），在幫助公司和個人明白他們的問題時，我必須知道如何做到停頓。我發現，在大多數企業或人際關係的破裂中，溝通不良和誤會是最主要的問題。當面臨這些沒有把握的時刻，我們能用的、最重要的「動力工具」，就是我們大多數人從沒有學過的「聆聽」。書中每章結尾處的「省思」，提供你思考的機會——讓你想像一下，下次當你或你認識的某個人發生困難而需要慰藉時，你可能會有什麼不同的舉動。

不要誤會，未來你還是有可能無法做到只聽而不批判也不給予慰藉；而儘管別人出於最好的用意，你還是會有無法獲得別人支持的時候。這時正是我們學習瞭解療傷的對話不只是關於真心和送花慰問，它要做得更多，如此才能讓你自己或其他人渡過困難。這是需要努力的，當中還有風險。最重要的是，你需要約束自己只聽就好——聆聽靜默、苦痛，以及言語之下潛藏的希望。**聆聽心之所在**。想像在我們試著關心別人或要求別人幫忙時，我們手心裡捧著的，是別人的心。

我和書中故事所提供給你的，是我們一路上所學到的東西，還有我們犯下的錯誤與得到的教訓。我們希望，將來你也能與其他人分享你的故事和深刻見解。

❖準備開始～給予支持，但不帶解決、解救或批判

對話。我們每天都在與人對話。我們可能事先演練好要說的話，也可能脫口說出自己的想法。在我們意識到以前，就開始了對話的一來一往，像乒乓球一樣：我說，你聽，你說，我聽，輪到我，再來是你，乒乓，乒乓。我一直在思考我要說的話，你可能也在想你要說什麼。最後，我或是你，開始懷疑這場對話會有什麼結論。可是，我們正試著對話不是嗎？我們說，我們聽，但我們眞的聽進去對方的意思或聽到話中含義嗎？我們能穿過層層阻礙聽到對方以及自己的感受嗎？

當有人需要我們的幫忙，或我們需要他們的幫忙，開口講話或完全不說話是最容易不過的。因此，**我們要如何進行一場心靈的、而不只是頭腦的對話呢**？又要如何在對話中用我們的身體、心理和靈魂展現出我們的眞心眞意？

當你想要安慰別人或你需要被人安慰，但又不確定要說什麼或如何去做時，本書內有關療傷對話的指導方針或可助你一臂之力。隨著你閱讀了一頁又一頁的故事，你將發現如何去：聆聽、停頓、當朋友而不當是英雄、安慰別人、面對自己的感受、長久陪伴、眞情流露、成爲有用的資源、主動，以及發揮慈悲心。

療傷的對話指導方針

聆聽

聆聽不只是安靜不說話而已。它是要聽到人們在說些什麼、什麼是沒說出口的，以及他們的意思。它也和說話或問問題無關。很奇怪的是，我們以爲自己在聆聽的時候，其實大部分都是在說話或問問題——我們訴說自己的故事，或是問一些想知道的事。但聆聽是用我們的眼、我們的耳、我們的心來聽，而且沒有馬上就要知道某些事的必要。我們必須願意中止內在的對話，才做得到這些。所謂內在的對話就是我們腦中正在進行的對話。我們的大腦很容易就會不由自主地思考我們等會兒要說什麼，還有對別人說的話要做出什麼反應，或者思考接下來會說到哪裡去。

停頓

在說話和聆聽之間有條界線。當我們聽到自己說：「我不明白……」，那就是該暫停一下的時候，並自問：「我在這部分聽漏了什麼？」不過，我們得做出特別的約束，才能在面對需要撫慰的人時，將自己常常已經是自動化的反應放慢下來。別人的不安會令我們跟著不安，而我們心想要趕快結束這種情況，所以沒有多想一下，我們常常就直接展開動作——說些或做些什麼我們認為幫得上忙的事。

只要暫停一下，用點時間省思，我們就能停止批判、停止做出反應，並且變得想瞭解。在我們若不停止就可能說出令自己後悔的話之際，停頓讓我們得以發揮慈悲心。安慰是有時機問題的。當時機對了，大門就開；當時機溜掉時，門可能要很久以後才會開。因為停頓，我們才能思考此時是否是給予支持的好時機。停頓就像是你開手排車時踩離合器的意思一樣：它讓你放慢速度，好在加速前換檔。說話的藝術不僅是在對的時間說對的話，也是在很有可能說錯話時不會說錯話。當我們停頓下來，就算只有一下下，就能看清別人常常沒有說出口的需求。這樣做能讓我們得以遠離可能令我們動作太快的內在對話。

當個朋友，而不是英雄

幫助別人渡過困難的日子與解救他們脫離一個令他們或令你痛苦的情境是兩回事。人有權利也有責任接受自己行為的後果、接受他人的行為，以及隨之而來的困難局面。能夠療傷的對話是去承認人們痛苦的存在，聽任他們去感受，而且**不試著快速擺脫痛苦**。我們試著提供一個橋樑，讓他們走過自己的恐懼之河。

安慰別人

安慰別人不代表告訴他們該或不該有什麼感受。沒有人知道其他人該有什麼感受。不管別人是什麼感受，他們有權利那麼感覺。安慰別人的意思是不批判他們，不去想他們哪裡不對而需要修正。我們給予他們的是做自己並盡情哭笑的空間。我們向他們表達關切，但**不需要同意或不同意**他們的選擇或處理困境的方式。

面對自己的感受

在忙著幫助別人時，我們可能會忘了雙方對未說出口的思緒和感受是心靈相通的。雖然無法確知我們在想什麼，對方還是常常能感覺到我們是否驚慌、是否在批判，或替他們感到遺憾。幫助他人在我們的陪伴下獲得慰藉，這與我們自己內在的變化大有關係。不論面臨何種情形，療傷的對話能讓我們的存在成爲他人的一項禮物。而要提供別人這樣的支持，我們必須先有能力接受自己心裡的不安，因爲這樣我們才能接受別人的不安。我們能付出慈悲，正是因爲我們也能對自己慈悲。

長久陪伴

改變是很混亂的，無法在短時間內理好頭緒。人們需要時間去適應、去重新思考自己、去轉變，以及去問：「如果……會怎樣？」在療傷的對話中，我們學著接受，有時朋友、親人、同事或鄰居只是需要我們的共鳴，而且是一而再、再而三的。

真情流露，不管是否手足無措

不論什麼情形，因爲手足無措而感到不安沒有什麼不對。讓我們想要支持的人知道我們的感受也沒有什麼不可以。甚至我們夠誠實的話，說這樣的話也是很好的：「說眞的，我不懂你的感受，也不知道要說什麼，但我眞的很關心你。」如果你是需要安慰的人，現在卻不想談話，那就讓別人知道你現在不想談話，即使這麼做感覺很怪異也沒有關係。不論是安慰者還是被安慰者，你可以選擇寫下你的思緒，讓某個人知道你的感受。療傷的對話不是非得要說出聲音來不可。

做個有用的資源

對於別人的問題，我們不是非要有個答案不可。常常，我們能做的最好事情是帶他們找到另外的資源——另一個朋友、專家、朋友的朋友。我們有足夠的敏感度，知道自己何時已經到了能力的極限，無法再提供別人幫助，不過，我們願意建議別人尋求專業的幫助。我們甚至還可以先打個電話，讓兩方的聯繫更加容易。我們也可以給他們資源，例如書籍，或甚至借他們一個地方暫時逃離現況，以心平氣和地找到自己的答案。

主動

當我們問人家：「我能為你做什麼？」有時他們會有答案，但有時他們完全不知道我們能幫什麼忙。那些他們可能**不會**要求我們做的，有時正是最有意義的事。花點時間設身處地想想，什麼是他們願意從我們這裡得到的，或是自己主動去要求自己所需要的事物，這就是走向付出或接受關懷的第一步，而這種關懷是最有助益的。

發揮慈悲心

即使自己也經歷過類似的情形，我們還是無法眞的瞭解別人的感受。我們或許能認同，但實在說，沒有人曉得別人的感受是怎麼回事。不要把同理心、同情心和慈悲心混爲一談。切記，先聽別人說他們的故事，然後才問他們聽聽你的故事是否對他們會有幫助。

在你使用這些指導方針時，請對自己和別人有點耐心。治療的本質就在於理解和被理解。當你試著安慰的人覺得他們被理解了，而你也做到停頓好讓自己能多瞭解他們一點，你會體驗到心房敞開的時刻。如果這種眞心眞意的關係是你想要的施與受，我請你使用這十個指導方針，打開善意的大門。

Chapter Ⅰ

當你需要朋友時

拜託，不要問我好不好，除非……

❖ ❖ ❖

→展開一場療效對話←

「你好嗎？」

我們常把這個問題掛在嘴邊。它通常是個禮貌性的小小問候，只是說嗨的另一種方法。然而，我們可能沒有發現，這個聽起來無傷大雅的問候，卻可能對陷入低潮的人造成壓力。在這種情況下，很重要的是，我們必須意識到我們在問這個問題時，是否眞的想要聽到答案，不管答案是好是壞。

我曾經和一位面臨母親病重的人有過一場難以忘懷的對話——瑪莉亞的父親在幾個月前已經過逝，現在母親也病得很重，已經簽下了生前預囑（Living will），拒絕最後的急救。瑪莉亞的弟弟並不同意這項決定。她一整天不是握著弟弟的手、就是在安慰媽媽。在這當中，大家卻在問她：「你好嗎？」

「這是你心裡的想法嗎？」瑪莉亞解釋說，「你眞的想知道我好不好嗎？那我就告訴你我好不好。我覺得我都快要不能控制自己了。我想對著我弟弟尖叫，對著醫生尖叫。我覺得很悲傷而且空虛。我必須面對醫療政策、保險、醫院行政人員、家人、我媽，以及夾雜在這中間的，我所謂的正常生活。所以，告訴我，我要怎麼回答這個問題？跟你說眞話嗎？還是像大多數人一樣微笑或小露個苦瓜臉，然後嘆息著說：『喔！還好，我還撐得下去。』每次說到情感上難以承受的地方，我是否還要繼續說下去？」

瑪莉亞繼續說明，當別人想要知道她好不好的時候，她很不曉得該怎麼回答。「我知道他們是好意，但你知道常會發生什麼情形嗎？如果我開始告訴他們我眞正的感受，他們就會打斷我的話，然後告訴我一些故事，試著讓我好過一點。有時他們想要我的同情；有時候他們給我一些建議；有時候他們想幫我解決問題；有時他們說個：『喔！』然後就轉移話題了。」

「困難的是，我想我可以對那些不熟的人說：『我很好。』，因爲我覺得把事實的重擔加在他們身上是不公平的。但對親近的朋友，我想有話直說；可是相反地，有時我卻覺得，我有義務讓他們不要因爲我的事而太難過。大多數的日子，我盡量少說話，而且猜想沒有人眞的想知道我的感受。眞相令人太沮喪，聽到的人不是想走開就是想幫我解決問題。而我眞正要的，不過就是有個人聽我說說話。不要解決問題；不要給我建議；暫時不要告訴我他們的故事。就當個我可以避風的港灣，可以在裡面翻來覆去，直到最後平靜下來。」

有時候人們需要談話，把所有正在發生的、無法抗拒的、害怕和令人沮喪的事通通說出來。有時候人們則寧願和你相對無語。還有的時候，他們會這麼跟你說：「我現在還不想談這件事，也許晚一點吧！謝謝你的關心。」

倘若你開始掙扎是否要問「你好嗎？」這個問題時，你就會發現，在說什麼和不說什麼之中，選擇多到令人驚訝。你原本一定以爲，避免問一個人「你好嗎？」如此開放且答案可能包羅萬象的問題只是件小事情。爲了表示你不只願意聽到像「還好」這樣無力的回答，你可以試著問：「你想談談今天發生了什麼事嗎？」或是，「在經歷這樣的一天後，有什麼是我可以幫你的？」或是，「我現在不知道要說什麼，但我希望你知道我很關心你。有什麼事情是你想談談的嗎？」

若是你不去追問處於困境的人事情發生的來龍去脈，他們會很感激你的。這就是爲什麼問他們此刻的情形比問他們好不好還要簡單。把焦點放在小一點的事情上，他們就可以告訴你：「我現在還好，但昨天很難過。」或者，他們可能直接了當地說：「我現在想小睡一會，而且希望有人幫我按摩一下脖子。」

另外一種問候的方式則是讓他們知道你很關心，還有，你一點都沒有要從他們那裡得知任何訊息的意思。你可以跟他們說：「我一直掛念著你。」或是，「我希望能在那裡給你一個擁抱，幫你打包，帶你去任何你要去的地方。」或是，「我一直在想辦法協助你，如果……幫得上忙嗎？」

雙方開始談話後，你可能會想，接下來該說什麼呢？記得喔！談話不見得總是一來一往，輪流說和聽。這可不是你安靜一下，然後就可以說出你在聽對方說話時自己腦中所想的事。療傷的對話是停頓以清楚聽到對方的需求或想說的話，還有就是，如果對方想聽你說話，此刻他想聽到的是什麼。此外，療傷的對話也讓彼此有安心分享靜默時刻的空間。

當你想要進入療傷對話的下一個階段，還有一個需要考慮的因素：你和對方的關係。有時候因爲彼此熟識，所以對方會比較放心地有話直說。奇怪的是，有時這反而會讓人覺得**太**容易受責難。不要以爲你知道別人會有哪一種感受。有時當你和對方並不熟的時候，你實際上反而能夠提供對方最需要的：懷著慈悲心聆聽，並且不做任何批判。如果你不確定和一個不太熟的人要談得多麼深入，那就停頓下來，坦白地說：「我不是很瞭解你，雖然我不是很確定我能做什麼，但我想盡我所能地幫助你。我願意試試看。」若是你和對方非常熟稔，你或許會把談話帶到下一個階

段，方法就是深思你所察覺到的對方感受，而不只是他說過的話。

朋友有難時，我們常開口就問：「你還好嗎？」因爲我們認爲這樣才能開始談話，而且也顯示出我們的關切。這裡提供你另一個看法：如果你試著安慰面臨困境的人，而且不把「你還好嗎」當成第一個問題，他們會因此而心存感謝。問問他們的工作、家庭或任何其他的事，讓他們喘口氣，不用一再地解釋他們在經歷這些事時，心裡有多難受。他們希望被當成完整的人看待，而不是被落難者的角色給取代了原先的自己。或許在仔細聆聽一陣子後，你甚至不用問他們好不好，因爲他們已經用自己的方式告訴你了。

使用六的法則

求助

拜託，要求別人幫忙有那麼困難嗎？對我們有些人來說，這確實很困難。對其他人來說，甚至是不可能的事。

當我們有能力幫助別人的時候——替他們做點什麼，說些什麼來安慰他們，或是找個比我們還有能力的人來幫助他們——我們大多感覺很好。可是，一旦輪到我們自己開口要求別人幫忙時，有人就會覺得這比眼前的困境還要令我們受傷害。

幾年前，有兩個朋友共同著手進行一項計畫。他們在休息的時候，繞著一個街區散步聊天，並提到了面對搬家、換工作、離婚、健康問題以及獨立生活等生活中的混亂。其中一個人，與我們許多人一樣，非常討厭向別人求助，因此每當別人終於伸出援手時，常常是不夠而且也太遲了點。但在那時她已經非常著急，變得願意相信任何人，也因此常常向錯誤的人求助。事後，她還要爲了打破的承諾或是沒有達到的期望而付出額外代價。所以，她又一次地說服自己，還是自己處理問題比較不會那麼痛苦。她在解釋自己討厭向人求助的原因時，她的朋友，知名的精神導師達亞霞克堤（Dayashakti）問她，她都向哪些人求助。

在她話還沒有回完前，達亞霞克堤打斷她的話，然後說：「你需要知道六的法則。」接著就教給她一個用錢也買不到的概念。六的法則是這樣子運作的：你必須向六個人求助，而不是一個人。六個！第一個人可能很忙碌；第二個人可能不想涉入這件事；第三個人可能無法顧及你全部的需求（到這個時候，我們許多人會放棄，然後決定：「我自己解決就好」）；第四個人可能會叫你去找另一個人；第五個人無法照你的要求去做，但是能用別的方式幫忙；第六個人則可能在你準備要放棄的時候一口答應地說：「當然好，沒問題。其他還有什麼要我幫忙的嗎？」

以下是應用六的法則時，一些常識的指導方針：

- 不是每個你問的人實際上都能幫你的忙。
- 不是每個你問的人都可以用你滿意的方式來幫你忙。
- 你問的人可能只答應幫一部分的忙，或者提供你沒有要求的事物。

・你問的人可能建議其他更適合的人來幫你忙。
・多問幾個人比只問一個人，可能讓你有多一點的選擇。

你或許在想：「就這樣？」試試看吧！看看要你不失優雅地向六個人求助有多簡單或是多困難。當第一個人沒辦法幫你或是拒絕幫忙時，試著不要落荒而逃。比起被人拒絕或處理別人所做自認爲幫得上忙的麻煩，不求於人總是簡單得多。

許多人不向人求助還有一個原因，那就是我們會想：「我能爲他們做什麼呢？」我們不想欠人情。要是他們需要我們幫忙，我們卻無能爲力時怎麼辦？或者我們會擔心，有求於人會讓自己很困擾，因爲對方會「期待」我們有所回饋。我們寧願不要冒險求助的原因就在於，接受他人的幫助，超越彼此原有的親疏關係，讓對方看到我們的另一面，會讓我們覺得非常脆弱。

可是我們忘了一件事。我們忘了自己開車子載人去醫院、幫別人照料小狗、接他們的小孩回家、在他們動完手術的恢復期幫忙修剪他們的草坪，或是找財務、醫療或法律顧問幫他們因應事情的時候，我們的感覺有多好。我們享受那種造福於人的感覺，可是自己卻討厭讓別人爲我們做同樣的事。

教我如何開口要求和接受幫助的朋友，曾經大力灌輸我重要的一點：向人求助不過表示你也只是個人。他們是對的。在朋友和客戶知道你面臨困難的那些日子裡，他們可能會覺得和你親近許多，因爲原來你也有不行的時候。你實際上顯示出你也需要別人。我們不求於人，以爲這樣可以不用麻煩到別人。但事實上，如果我們開口要求或接受我們沒有要求的幫助，我們將送給**他人**一個禮物——讓他們用自己的方式做好事。這是某個夏天我妹妹教我的事。

當時我準備動腳部手術，醫生叫我找個人在手術後陪我幾天，因爲我將暫時無法行走。那是在夏天的時候，前兩個我開口要求幫忙的人都計畫出遊；第三個人可以在白天陪我，但無法過夜；第四個人則要我更動手術時間才能陪我；第五個人就是我妹妹，她重新安排她的家庭生活——包括在佛州的小孩、小狗、馬、工作和老公——以便前來麻州陪我四十個小時。

沒有誰比我妹妹更適合陪我度過手術後的療傷時期。她是個非常有天份的護士，對疼痛與治療都非常清楚。剛開始時，這對我來說很困難，身爲她的姊姊，我還是第一次需要她的幫忙，要她幫我弄些吃的，或者拿個冰袋給我。這些小事讓我覺得很無助。但她說，她很高興能讓我舒服點。她平常就是靠著替完全不認識的人做這類的事來謀生。現在能幫自己唯一的姊姊，她說，感覺是多麼地不同啊！

另外還發生了一件事。因爲我「讓」我妹妹幫我，她因此得以暫時遠離她所珍愛但需付出很多心力的家庭。這幾年來頭一次，她可以坐在戶外的桌子前閱讀，既不是爲了課業也不是爲了工作所需，而是純粹爲了娛樂。有那麼一刻，我們在桌子前，手捧著書，抬起頭來看著對方微笑，因爲，能夠像我們小時候那樣一起安安靜靜地閱讀眞好！她也因此得空省思自己忙碌的生活，並下決心改變她與家人共度日子的方式。遠離家庭來照顧我給了她一個機會，讓她想到要對自己好一點。

這些和我妹妹相處的時刻非常珍貴。不過，要是我試著馬上知恩圖報，就有可能破壞她因爲照顧我而得到的快樂。當別人幫你做了什麼，你並不需要立刻替他們也做些什麼。如果你這麼做了，無意中就會帶走他們爲你做了好事的快樂。以後再慢慢回報就好。當我們立刻轉過身，跟剛剛才幫過我們的人說：「現在該讓我幫你的忙了。」這通常是因爲我們覺得自己有點太脆弱，與某個人有點太過親近了。我們藉由馬上還清人情債來終止「親密」的關係，不肯大方地接受別人已經給予我們的事物。學習如何接受別人的幫忙本身就是一個禮物，不管是對他人還是對自己都是如此。

只要聽就好

❖ ❖ ❖

→有人突然過逝了←

他聲音中的溫暖透過電話柔柔地傳過來。我們已經幾個月沒見面了。曾經，在我發生車禍受傷後，他幫我解開心中的結，迫使我面對生活的現實面。

今天，他是打電話來道歉的。「眞對不起，」他說，「我跟你說我會把報告送到你的保險公司，讓你的按摩治療可以獲得理賠。可是，我老婆流產了，她那時正在打單據……所以，報告到現在還沒有送出去。」

「達倫，」我說，「你現在一定很難過，寶寶那時多大了？」

「十一週大，」他立刻回答，還因爲我說的話而有點驚訝。「醫生告訴我們寶寶有很多問題，而且，呃，我想上帝知道祂在做什麼。」

「眞令人難以相信，」他繼續說，「我老婆辦公室的人知道她發生的事後，全都避開她。她前天回家時說，她覺得自己身上好像有瘟疫似的。沒有人想靠近她。他們好像是不知道要說什麼，所以才會躲著她，可是這讓事情變得更糟糕。」

「你一定很難受，你希望她的同事能夠理解，但卻聽到她告訴你工作上有多麼不愉快，」我說，「我想知道失去寶寶對你的影響，達倫，」我補充說。我向他解釋，有個老朋友曾教我，因爲老婆流產而失去寶寶的丈夫也需要和別人談談。

「那已經是十年多以前的事了，可是到現在，他還在爲了失去那個他從沒有抱過的兒子而哀傷。」

「是啊！是啊！」達倫說，「大家應該要知道：只要聽就好。男人也需要談一談。」

達倫的故事提醒了我，當朋友、同事或家人在碰到難過的事時，一開始時會非常痛苦，需要找人傾訴，這時我們不應該覺得自己有說很多話的必要。然而，倘若我們坐著不動，難過地不說話，也害怕說話，那對他們也不是好事。可能幫得上忙的，是讓他們說說自己心中的憂慮。以流產後的情形來說，他們害怕的也許是永遠無法生小孩。他們或許在想，再試一次可能不是個好主意。我們總是馬上就想跟他們說，問題總是有解決的辦法，或是失去寶寶是有理由的——而且試圖抗拒我們這種衝動可能會很困難。他們可能會問：「爲什麼是我？」這是個合理的問題。但我們不需要提供答案。相反地，我們可以把他們話中所透露出來的感受反映回去。

當朋友問你：「為什麼是我？」你可以說：「是啊！不知道事情發生的原因一定令妳很難受。」她可能會回應：「對，我覺得這都是我的錯。」這時你可以把她說的話換句話再說一遍：「聽起來，要是你能瞭解事情發生的原因，就會好過多了。」她可能會說：「我就是不明白。這太不公平了。」這時你或許會發現她其實是很憤怒的。果眞如此，那就溫和而不帶批判地跟她說你的觀察，例如：「你好像在生氣。」然後停下來，接著她也許會說正是如此，或者會讓你知道她另一層的感受。她可能會說：「沒有。我一開始時是很憤怒，但現在我只是很悲傷，非常非常悲傷。」

藉著把注意力放在對方說的話，以及你所察覺到的、他們的精神能量，你可以讓他知道，你是和他站在一起的，即使你無法知道他在經歷這件事時眞正的感受。讓他們覺得，不管他們有什麼感受都沒關係，而且也無須擺脫這種感覺。他們也許會接著告訴你，他們對小孩有些什麼希望，還有他們對自己一點一點愛上的那個小東西懷有些什麼夢想。

你也必須瞭解，不是每個流產的人都願意立刻談這件事。有人告訴我，她流產後的第一個反應是：「我不是失去一個小孩，那不過是個十一週大的胚胎罷了。」

幾年後她才瞭解，把流產當成一個醫療狀況和把小孩叫做胚胎，都是她試圖阻擋失去小孩的痛苦和失望的方式。過了幾年她才有辦法說出內在的傷痛。這就是爲何在談話時，注意你所察覺到的、對方的精神能量是很重要的一件事。

當人們正在難過的時候，你不知道他們是否想即刻找人傾訴。有些人可能想談，其他人則覺得沒有人眞的想聽他們的感受。「畢竟，」他們會想：「沒有人可以改變事情，所以幹嘛找人家談？」然而，當某個人走進你的生命，讓你覺得，對他來說唯一重要的就是和你的談話，那個片刻眞是令人覺得充滿祝福。

重新發現同理心

❖ ❖ ❖

→能安慰你的，別人卻可能不受用←

午餐時，我們共有八個人坐在桌子前。我們在一個工作室裡，在那兒，每個人輪流談談那些我們不向人求助就無法完成的事。當時輪到我。我提到自己想寫這本書，協助別人能夠幫助自己和他人渡過困難的時刻，也就是那些他們不曉得該說什麼或做什麼的時候。團體中一個說話很柔和的電腦工程師布萊恩，劈頭就說：「你的意思是，好比和一個姊姊才剛被人殺害的小孩說什麼話嗎？」

大家全都停止用餐。我們已經認識布萊恩好幾年了，他在我們的團體於亞特蘭大逐漸發展成專業工作室的期間結了婚。工作室是在幫人對自己的過去有更深的見解，並因此可以本著自己的潛能創造新的生活。大家輪流分享個人的故事。但沒有人曉得，當布萊恩還是個小男孩時，他的姊姊慘遭人殺害。

他沒有告訴我們細節。細節並不重要。但他卻說了我永遠也忘不了的事。他的聲音帶著沉靜的憤怒，臉上則顯露出記憶猶存的傷害。他問我：「你認為大家想從中學到什麼？」

「當有人難過時，要說什麼或是不能說什麼，」我解釋。

在我話還沒有說完前，他插嘴說：「你的意思是，好比有親人死了，卻叫別人不要同情你嗎？」

「同情？」我問。

「沒錯，同情，」他說，幾乎是用吐的說出這個辭。「你知道，就像別人試著告訴你，他們替你感到多難過。我才不要他們的同情。我只希望他們不要管我。」

突然間，有人小小地叫出聲來。他太太雪洛嗆了一下。他們結婚大概一年了，也經歷了新婚夫婦常有的情形，就是婚後才發現對方原來是這樣的人。「這就是每次我沮喪的時候，你就讓我一個人的原因嗎？」她問。

「呃，是的，」布萊恩說，「我不想讓你覺得我只是坐在那裡為你難過。我走開是因為我認為你要的是一點獨處的時間。」

「我的老天，」她說，「你把同理心和同情搞混了。當你還是個小孩子時，大家試著讓你知道他們有多傷心，而且他們感覺也很不好。可是你卻以為他們替你感到遺憾，或是認爲你無法面對這件事。」

布萊恩發現她是對的。每次當她難過時，他不但沒有抱著心愛的女人，讓她知道她沮喪他也不會好受，甚至還走得遠遠的，完全沒有給她所需要的慰藉。他告訴我們這群人，那天，在他姊姊死了這麼多年後分享這段故事，意外地幫他治療了舊傷口，同時也救了他的婚姻。

我們大多數人都曾聽過這句話：「給人家你也想要的。」以布萊恩的例子來說，他給太太的是他以爲她需要的——獨處的時間——因爲這是好久以前當他的世界瓦解時，他所渴求的。姊姊走了以後，他要的是平靜和安靜，而不是一大堆好心人告訴他，他們有多難過。他那時還是個小孩，不懂他們想做的只是安慰他。他感受到的是大家的同情。

布萊恩給我們上了重要的一課。當你沮喪時，不管你年紀多大，要是有很多人在你身邊說他們有多難過，可能會令你覺得自己很可憐。從那天以後，我試著阻止我自己又喃喃地說出那句老話：「我爲你的失去感到很遺憾。」我試著停下來，如果我認識死者，我會說：「我也會想念約翰的。」若是你能說得特別點，你可以說：「我無法相信事情就這麼突然發生了，我們上週還很快樂地在一起。」或是簡短地說出那個人對你做過的好事，例如：「你父親教我……讓我一輩子都受用。」

你要超越自動化的安慰動作，就算這意味著當你思考要說的話時你會遲疑或感到很笨拙，但對方會瞭解這是出自於你的誠摯努力，因爲你用時間連結彼此的心，而不是丟給對方一句陳腔濫調。

如果你不認識死者，但你是他家人的朋友，你可以提供這樣的想法：「我希望以前就認識你的莎拉阿姨。什麼時候你想跟我談談她，我都願意聽聽故事。」

因為失去，我們成為今日的自己。我們面對死亡的方式能影響我們一生與別人的關係。在分享壓抑多年的難過往事後，布萊恩讓太太瞭解了非常重要的事。他在她痛苦時走開並非是因爲不關心。他只是根據自己親身的經驗，試著提供她那些他以爲她要的。

我們在不同的家庭和文化中長大，對死亡有不同的體驗。當我們沮喪時，很容易就會忘記，某些人可能是因爲有很好的理由才不陪在我們身邊。各自的人生經驗導致他人用自己的方式來安慰我們，學著多瞭解這點，你就會感激他的用心良苦，而這永遠不嫌太晚。舉例來說，在某些文化中，人們提高聲調來展現他們的熱情，而不是怒火。有些家庭不容許人掉淚，因爲他們認爲哭泣代表了軟弱。還有的家庭不管問題是什麼，都承襲了同一種座右銘：「**處理**它就對了。」

不過，有時候文化差異與我們得不到自己所需要的沒有什麼關係。或許，就如雪洛那天所發現的，我們在向人要求時，並沒有表達得很清楚——我們以爲別人會瞭解。「誤解」其實是很有價值的機會，讓我們有機會超越對彼此的假想，發現雙方看世界和表達需求的方式之所以不同，背後可能有很沉痛的因素。布萊恩學到了，老婆難過時其實並不需要他說什麼，她要的只不過是被輕擁入懷。

一切都不會有問題的，寶貝
↓隧道另一端的光亮↑

我知道，每到週一它就會出現。不管我人在美國何處，不管他的家庭生活正在進行些什麼活動，它就是會出現。那個聲音。那個訊息。它出現時就像是這樣：「嘿！親愛的，只是要讓妳知道，不管妳現在在哪裡，我們正在想妳。我們知道此刻情況不是太好，但在隧道的那一頭是光明的，而我們知道妳終有一天會通過隧道到另一頭去。我們知道，一切都不會有問題的，寶貝。」

在我生命中最困惑的時期，幾乎每個星期，我都會在語音信箱中聽到這個留言。它來自於我的朋友兼商業夥伴洛根，偶爾也來自於他太太朗達。那是個祈福，而他們為我做了長達一年的時間。偶爾他們要出遠門渡假，就會在出門前打電話，並留下訊息，讓我知道他們對我還是很關心。洛根告訴我，朗達小時候在紐奧良

時，為了讓她安心，她祖父常她說：「一切都不會有問題的，寶貝。」

這有什麼，你可能會問，不過是個無傷大雅的片語罷了。

可是，當你不確定自己是否能度過離婚的階段，不確定你可以獨自生活，因為你是如此精疲力竭，但還參加一系列緊湊的、關於人生意義的個人成長工作室來虐待自己……當你在全國跑來跑去，從這個諮詢案主到另一個，住在旅館、宿舍或是客戶家中的客房……那麼，你可能會失去方向。沒錯，那些留言就像是指南針，讓我每個星期都能對準方向，並且在那個片刻知道自己是有人愛的。

當朋友難過時，有時他們需要的是你的出現。不用給建議，只要誠摯的鼓勵並告訴他們事情會解決的。你不需要告誡他們往好的一面想，也不用叫他們「正向思考」。因為你的訊息不是只有你所說的話而已，其中還包含話語背後的力量。

洛根和朗達留言時，話語背後的力量顯示出他們對我的信心。他們沒有讓我覺得，我因為生活不順遂就要不行了。他們也沒有試著解決我的問題。相反地，他們給了我尊嚴，准許我繼續混亂下去，也知道我對大部分的事情已經失去信念。他們沒有試圖說服我走出陰霾。他們相信我一定有辦法解決，因為他們對我以及這整個宇宙有信心。他們定時傳來訊息。他們是小型的「救護箱」。有時，這就是他們所能付出的最多。有時，這樣就夠了。

媽咪，牠會好起來嗎？

↓幫助孩子面對他們和你自己的恐懼↑

當一個小女孩面對心愛的動物生病或死亡，而且問你：「媽咪，牠會好起來嗎？」你要怎麼回答？這是我朋友安碰到的事。事情發生在一個週末，她才爲大女兒吉爾買下沒多久的馬兒差點死掉。稍後有天晚上，安藉由電子郵件告訴我她的故事：

現在是週日的傍晚。過去三天，我們家裡壓力極大，而且很受傷害。我要從哪開始告訴妳在週四那天，我們家的生活和面臨死亡的經驗呢？

週四下午，我在我們的小醫院裡工作，而之前，我一直值班到週三半夜。我很疲倦，但卻期待著早點下班可以前往馬房，看吉爾騎著我新買給她的馬（名叫沙吉），進行傍晚的訓練課程。然而，下午三點左右，我先生亨利打電話來，他的聲音不穩且恐懼。他說：「馬房裡有危機了。沙吉得了疝氣，情況很嚴重。」

馬房經理大約在十一點時打電話給亨利，告訴他沙吉生病了，他與吉爾應該馬上到馬房去。你可能不曉得，但很多因素導致馬消化不良，而且還會致命。除非能讓腸子自行解開，否則馬需要動手術，要不然我們就得決定是否讓牠安樂死。

當時他們已經電話通知獸醫了。一開始，獸醫試著用標準保守的治療方法，讓馬一直走個不停，看看腸子能否自己鬆開來。吉爾帶著沙吉不斷繞著室內馬場走，一連走了好幾個鐘頭。當亨利想接手，讓吉爾休息一下時，沙吉卻不肯移動。那匹馬願意一邊忍受痛苦一邊行走，但只肯為了吉爾這麼做。

當我抵達馬房時，沙吉已經生命垂危。牠全身冒著冷汗，再也無法移動。牠的眼神充滿恐懼和痛苦。對我而言，抵達這個二十四小時前吉爾和馬才上了首堂訓練課的馬房，真是令人情緒激動。我和她一起在馬廄裡，我們兩個都在啜泣，也都很害怕。吉爾問我：「媽咪，牠會好起來嗎？」

當時我只能對她說：「寶貝，我也不知道。」

作了父母之後，我們何時才能學到如何跟小孩說「不，牠可能好不了」？

時間分鐘飛逝，我們決定帶沙吉去動手術，希望腸子的閉塞可以復原。但牠以後還能跳躍嗎？牠會不會活得很痛苦？會不會再次經歷這場噩夢？我們花了兩年的時間才為吉爾找到她的第一匹馬，為什麼她要在這麼小的時候，就面對這樣的心痛？

亨利、吉爾和獸醫用拖車載著沙吉去醫院。黛安（吉爾的妹妹）和我則坐在另一台車裡跟隨在後。我們花了四十五分鐘開車到醫院，途中我們哭了又停，停了又哭，我們沒有放音樂，也沒有說話，只是默默地分享痛苦。當我們到達時，他們正準備為沙吉動手術。獸醫問我們要不要觀看手術過程。起先我很詫異，拒絕了這份邀請。亨利是第一個進入手術室的人。之後，他回到等候室告訴我們，沙吉躺在那裡看起來就像隻大狗，四肢朝上，好像在說：「來搔我的肚子。」接著，勇敢的黛安和她爸爸一起進去看手術過程。這時，我和吉爾坐在窗戶旁邊的椅子上。她握著我的手，又問了一次：「沙吉會好起來的，是不是？媽咪。」這次她沒有看著我，只是把臉倚著椅墊，臉紅紅的，眼淚直流，她的小手握著我，暖暖的。我沒有辦法答話。我看著窗外比夕陽更遠的地方，希望在環繞的深山中找到答案。

在我能找到方法回答女兒的問題前，佛比斯醫生驚呼一聲：「哇！你們看這個！我可以解決這個問題。」我的好奇心克服了看著沙吉被麻痺的恐懼，所以我牽著吉爾的手進入手術房。對我來說，眼睜睜看著動物痛苦，卻無法跟牠們解釋為何牠們在受苦，實在難以忍受。然而，和我的兩個女兒還有先生一起站在手術房裡，看著佛比斯醫生解開沙吉的腸子，然後把它們歸位，真是神奇的一刻。

週五，我們去看沙吉。手術後還不到二十四小時，牠已經站了起來，渴望與吉爾一起散步，也很有食慾。我們這天還不能餵牠，但吉爾幫牠把所有乾掉的血跡都擦掉，然後給牠洗了個海綿浴。看著人馬兩個如此堅強地在一起真是特別。這些動物是我們的奇蹟，多年後要是聽到吉爾和黛安回想這段我們共渡的危機和康復時光，將會是件很有意思的事。

我深受孩子純淨的信念所感動，她們相信事情最後總會好轉的。第一次面對死亡的威脅，兩個女孩卻只問我，我們能做什麼讓沙吉好過一點。看到孩子未被矇蔽的希望之光，真的好美好美。

在孩子第一次面對生與死的情形時，我們應該說什麼呢？。要讓他們看到我們的恐懼和痛苦嗎？我們自己也沒有答案，又如何回答他們的問題？這些是我問安的一部分問題——在她已經帶領家人走過這次的創傷後。她告訴我，她曾經在加護病房工作過，那段期間她曾與許多孩子和他們的家人相處很多時間。她因此瞭解，大人常想知道問題的所有細節，以及未來將發生的事。可是，小孩不一樣。她的經驗是，告訴年紀小的人他們所需的資訊是很重要的，但不要超過他們的理解範圍。「你學到要慢慢來，而且讓他們問問題，」她解釋說。

「我還學到，小孩子也有權利知道我們，也就是他們的爸媽，在做些什麼，」安說，「有時我們很想隱藏住自己的感覺，想讓孩子以爲不會有事。可是我們這麼做卻是低估了孩子。他們對我們的精神狀態非常敏感，雖然不確定我們在隱瞞什麼，但他們就是知道哪裡不對勁了。這是爲什麼當我女兒問我她的馬會不會好起來時，我告訴她我也不知道。這是事實。我很想看著她的眼睛跟她說，一切都會沒事的。有哪個媽媽不想用這種方式讓孩子安心？可是我知道我該告訴她眞相，那就是我懷著希望，但我也很害怕。因爲我和她分享了我的恐懼，她才讓我知道她有多麼地驚恐，然後我們才能互相安慰。」*

「如果醫生說他沒辦法救這匹馬，你會怎麼做？」我問。

「我會跟兩個女孩解釋，沙吉非常痛苦，獸醫也無法幫牠動手術。然後，我會向她們保證，當動物這麼地痛苦，而獸醫也無法解決牠的痛苦時，獸醫可以透過安樂死來停止動物繼續痛苦下去。當然，我會說明，這是一種憐憫和慈善的舉動。最重

---

* 專家警告父母，不要和孩子分享太多未經處理的情緒，這會讓孩子受不了，尤其是當父母中有人極為沮喪，沒有機會深入思考的時候。

要的是，面對這種危機，我一定會讓兩個女孩有機會說再見——和心愛的動物或某個人——死亡沒有眞實感，而且可能需要很久的時間才能接受失去。有時，我們永遠也做不到。」

如果讓小孩子瞭解，我們一樣受了傷害，也很害怕，那我們就是在告訴他們，他們現在的感受沒有什麼不對，只要是人都會這樣。若我們隱藏自己的痛苦和恐懼，就是在教孩子做同樣的事。這樣會讓他們更難以向人求助，更難讓我們知道他們的需求——而這不只會影響他們小的時候，也許終其一生皆是如此。

請朋友幫助另一個朋友

↓當你沒有答案時↑

當朋友打電話來向你求助，可是一開始你卻毫無頭緒該怎麼幫他，這時你會怎麼做？有時候我們可能需要請別的朋友來幫忙，而不是自己矇著頭做。

我以前從來不瞭解化學療法到底是怎麼一回事，直到一個朋友打電話來說，她在接受治療時非常難過。「沒有人跟我說會這麼粗暴，」她的聲音勉強從電話那頭傳過來。「感覺就像從我體內吸出生命，像是抽走我的一切。我沒辦法睡覺，思考模糊不清，也無法吃下東西。我吃什麼都想吐，而抑吐的藥物有很可怕的副作用。我只剩下八十七磅重，而且沒有人知道要怎麼幫我。」

「我不曉得要跟你說什麼，」我說，「我聽說過化療有多糟，但我現在不知道要說什麼才幫得了你。聽起來你的醫師已經盡力了，你需要的是和一個做過化療、而且成功活下來的人聊聊。讓我想想我可以打電話找誰，我再回你電話。」

然後我思考了一下，是否眞的能打電話給那位可能幫得上忙的人。在做出這個請求時，我必須仔細想清楚，因爲理察過去從來不肯跟我談他的化療經驗。他幾年前在與淋巴瘤搏鬥時，曾清楚地表示不想談他的療程。「談點別的，」他堅定地說。不過，今天可能會不同。他現在很健康，症狀緩解（remission），過著克服癌症的人的生活。現在他是否願意談了呢？

我留言向他解釋，有個朋友需要他的幫助。「你願意給她一些建議，教她如何渡過化療嗎？她的醫師說，她的病無藥可醫。他們正使用實驗性的療程，希望能有所突破，或至少延長她的壽命。她的飲食控制得非常嚴格，幾乎吃全素，還有個冥想訓練師陪著她。不過她受不了想吐的感覺，也不解自己爲何對禁吃的東西——例如薯條和冰淇淋——嘴饞得不得了。這裡有什麼是你可以教她應付的嗎？」

理察寫了一封很棒的電子郵件給她，敦促她掌控自己的生活，以免被化療牽著走。他沒有自以爲是應付化療的醫療專家，他只是說出自己的經驗。他給我的朋友，一位他從沒有見過面的人，不只是資訊而已，還有不讓自己覺得那麼孤單的方式。

雖然正面的心態很重要，冥想和放鬆也幫得上忙，但唯有當身體也有正確的行動時才有用。如果你一直都不舒服，而且無法透過隧道看到一扇窗，那冥想是幫不了你的。我曾經躺在沙發上好多個小時，覺得自己好悲慘，但我發現有那麼三天或四天我的感覺比較好，之後才又回到週而復始的化療、嘔吐、腹瀉，以及沒精打采和虛弱的狀態。我知道有一些「好日子」，所以我把注意力集中在它們身上。你必須到處走動，不要坐著不動，因為你的身體正在與癌症和化療搏鬥。事實上，我習慣從沙發上站起來，然後在公寓附近的小路上散步，就像是在行走軌道一樣。

就去吃個漢堡加薯條配番茄醬吧！或是來份香草奶昔或披薩，任何你想吃的東西，享受它。不要做得太過頭，不過，這些食物雖然有很多脂肪，卻是你身體長肉、吸收蛋白質、醣類、脂肪酸和其他東西所需要的*。如果你不給你的身體一些運作能源，情形會更糟的。

我相信在某些案例中，某些狀況說是無救，但實際上卻是有救的。今天可能無救，但在你試過所有的療法後，可能就會有救了。而且，坦白說，如果你無法避免，知道自己就要走到盡頭，那就接受這個事實。至少你還能知道。但請你給我好

---

* 這個建議並非基於醫療選擇。但這個方法幫助了理察，他的分享也幫助我朋友瞭解她對食物的渴望，並且覺得不那麼孤單。

好搏鬥、定下策略、尋找資訊，然後盡全力去做。

理察接著提供她一個冥想的情境，而我讀過後才瞭解，帶給別人希望是多麼重要的事。還有，可能的話，用幽默的方式去做。這個情境是他有天在做那個一點也不像是在治療的化療時，自己想出來的冥想過程。

當你躺在那裡，不要想些有的沒有的，讓自己覺得空無一物。你的胃可能會痛，手掌上的小血管可能感到刺痛——因為化療針頭的關係——或者，你可能覺得虛弱，或想吐，也或者你覺得沒事。你需要用點時間才能無意識地進入這個「空」的狀態。只要想著你的身體就好，而不是你的情況。想著你的身體和呼吸。

然後是比較困難的部分。一旦你放鬆下來，就在心裡描繪一些畫面。這可以做得很有趣。我最喜歡的畫面是一大堆大個頭的男人，穿著白色塑膠西裝排排站，有如軍隊一樣。他們帶著各式各樣的工具——大型的鑽頭、起重機、爆裂物、手提鑽、十字鎬，和其他東西。他們是戰士。他們都在我的體內，在我血液的「通道」中敲敲打打，把身穿黑色西裝的傢伙打成重傷，而黑衣人就是「壞壞癌症」，滿嘴吃的都是我的血球。不過，白色塑膠人比黑衣人數量多多了，而且總是贏的一方。他們會接連著敲打，而我會一邊呼吸一邊想像一萬個好傢伙攻擊一千個壞蛋。這真是太棒了。我的呼吸會放慢，感覺到化療的疼痛作用，也有點想吐。可是，它們會暫時消失不見。

然後，不知不覺中，很神奇地，我會小睡一下！這是個大秘密：打個盹。不管什麼時候，你想睡就睡，因為你的身體正與化療和有毒的復仇者對抗，而且還要攻擊癌細胞。你要堅強。什麼方法都要試它一試。

和許多癌症患者一樣，理察很忌諱談論他罹癌的經驗。多年前被診斷出癌症時，他沒有讓很多人知道。在癌症進入緩解期後，他也沒有跟多少人講過。這就是爲何我對是否向他求助感到遲疑。感謝上帝我還是問他了。他不僅幫了我的朋友，還能對我敞開這個需要相當多勇氣、幽默和創意的經驗——不只是活下來，而且還要活得很好。因爲將自己的故事說了出去，理察才瞭解自己忍受的事原來是有價值的，而放棄一點隱私來幫助別人也是值得的。

有時候，你的朋友向你求助，你卻不是那個可以幫忙的人。但你可以替兩個原本互不認識的人架起慰藉的橋樑，讓他們踏上彼此幫助的旅程。

意外的禮物

❖ ❖ ❖

→接受陌生人的幫助←

在一家時髦高級、販賣美味法國菜的餐館裡，三個女人正站著排隊等候點菜。突然間，一位男士走過來，跟她們其中一個高挑、優雅、說話很溫柔、眼神閃亮的金髮女子說：「對不起，但我非得跟你說不可，你好漂亮。」他說完就走開了。其他兩位女士很高興。她們咯咯地笑，抑制自己興奮的聲音。多年來她們一直試著跟她們的朋友伊麗莎白說她有多美，但她就是不信。她把她們的讚美打了折扣，而且認為自己並不是特別有魅力。現在，由於那個男人的注意，她覺得很不好意思。

當她們又站著排隊等候拿她們點的菜時，剛才那個人回來了，還對伊麗莎白說出同樣的話：「我一定要再跟你說一次，你眞的好漂亮。」然後，他又走開了。

現在，伊麗莎白眞的很難爲情了。她今天出門時甚至沒有化妝——這可不是訓練有素的南方女子平常會做的事。但今天並不是平常的日子。今早，化妝並不是她優先要做的事，因爲她得帶著心愛的先生朗恩去醫院做他生平第一次的化療，而他今年才三十三歲。一個月前，他動手術切除腫瘤，原本以爲那是良性的，但後來很驚訝地發現卻是惡性的。然後，事情全都改變了。

陪先生至醫院接受治療後，伊麗莎白和她的姊妹淘聚會，因爲她需要一些精神上的支持。而當她們開始用餐時，那個男人第三次出現了。只不過這次他沒有走開。他想讓這個美麗的女子知道，他不是在追求她。調情？也許是。但這並非他對她評語的重點。他解釋自己的行爲，並立刻博得這三位起了戒心的女子的注意力。

「你知道嗎？」他說，「我被診斷得了腦瘤，而且無法動手術治療。它已經到處擴散，我沒有多少天可活了。這些日子，我只說我想的話，去我想去的地方。你是這麼的美麗，而我想要讓你知道。如果這讓你覺得尷尬，我很抱歉。但生命是如此短暫，我不打算坐在那裡，漠視我的心叫我要說的話。」

他說出眞相後，每個女人眼中都浮現了淚水。慢慢地，伊麗莎白開始告訴這個男人她的事，而不久前，她還很怕這個陌生人，也準備要躲著他。她告訴他朗恩的事，以及他們與結腸癌細胞抗爭的決定。不知是幸運、命運，還是巧合，這個陌生人竟然是個醫生，而且還是個腦外科醫師。聽到伊麗莎白的事後，他停頓下來，一邊回想幾位癌症專家的姓名和電話，一邊坦承自己的心智最近運作得比較慢。最後他想起來了，也寫了下來，然後遞給伊麗莎白這個可能救得了她先生一命的資訊。

好玩的是，幾週以前，這位吸引人的、鍾情的妻子曾告訴她的朋友，她將試著活在當下。她希望能少去想一些未來，少去擔心當她把「非常重要」的工作留職停薪，以幫助先生渡過治療期時，別人會怎麼看她。她想知道，如果把注意力放在小小的片刻，放在現在，生活會是怎麼一個樣子。

看看她與朋友午餐時出現了什麼！要是她因爲尷尬而躲起來，或是覺得對方很騷擾，她就可能甩開一個決心好好過完餘生的男人所帶來的禮物——一個美麗的片刻。欣賞意外的事物需要練習。你要暫停對別人的動機下判斷，也必須試著敞開心胸。你需要練習，因爲這不是自然而然就能做到的事。當然，你可以運用常識，讓你的膽量告訴你情況安全與否。若是安全無虞，則你可以進一步放開自己，對陌生的人或物懷抱著好奇之心。

當事情的進展與你人生的計畫不同時，你絕對需要朋友。你需要能哭、能笑、能懷疑人生爲何突然起了變化。但偶爾，一位陌生人走入你的生活——在餐廳裡、飛機上或是醫院的等候室——而且可以提供你一個極爲特別的禮物時，只有持著開放的心理和心靈狀態，你才能收到這個禮物。

搬家前後

情感的閣樓和新的路線圖

當朋友或家人搬家時，我們幫得上手的事情很多，但有時最有用的卻不是我們做的事。每個人都知道搬家的壓力很大。但若非自己也經歷過，有的人可能不曉得，搬家的壓力多來自於沒有足夠的回憶空間。

佩德和吉姆是很要好的朋友，他們只剩下幾個星期的時間整理東西，然後搬家卡車就要來了。他們在退休前準備搬出這個已經住了十年的、很棒的家。有一天傍晚，我打電話過去，看看他們打包得怎麼樣了。我不確定我能幫什麼忙。

「我們有好多東西！」佩德呻吟。「我試著把東西分成：『要保留的』、『給小孩的』、『捐給慈善機構的』、『要賣掉的』、『要丟掉的』，以及『不知道該怎麼辦的』。我知道有些東西再也用不上了，可是卻捨不得放棄，這眞是很棘手。」

接著她跟我談了她的回憶，她對某個場合穿的衣服、相片、紀念品的回憶。還有，她意外地發現原本屬於她媽媽的東西。那些她媽媽三年前過逝時，她放在盒子裡準備以後再去整理的東西。「我要怎麼處裡我爸的第一張薪水支票？」她問，「我在盒子裡發現它，然後開始瞭解我媽用這麼少的錢把我們拉拔長大有多麼困難。在我爸過逝後，她沒有再嫁。我爸是在新年前夕在路邊換輪胎時，被路過的車子撞死的。這張我出生前的舊票根提醒了我，他那時錢賺得有多麼地少，而我媽在他死後日子有多麼難過。回憶就這樣不斷地湧上來。我不需要這張紙，但這是我家歷史的一部分，雖然我不確定這對其他人有什麼意義。我不知道該怎麼處理這些寶貝。」

這個時候，我不曉得佩德需要的是什麼，是要繼續談她有多麼害怕，還是問我處理家中珍藏物的意見。我不太清楚到底是哪一種情形，所以我問她，要不要聽聽我搬家時偶然發現的方法。

「好啊！」她說，「我很想聽聽別的處理方式。」

「在歷經過搬移家中四代的東西後，這是我上次搬家時所學到的，」我解釋說，「當我用了點時間感謝一些事物在我生命中所扮演的角色後，我就放手，而且從來不會後悔放棄的東西。可是，當我很疲倦的時候，被事情弄得喘不過氣來，或是沒有時間，只好趕快『把東西給弄走』，那麼接下來幾個月或幾年後，我會有這些東西仍然跟著我的感覺。雖然我已經把它們給賣了、送出去或捐給慈善團體，它們還是掛在我的心裡。所以，我學到丟掉和放手是不同的兩件事。」

佩德告訴我，這個想法幫她瞭解如何放手，而不是讓自己覺得留著這麼多東西很錯誤。「我已經覺得比較輕鬆了，」她補充說，「不過，還有一件事。我發現，我很害怕自己不曉得以後還會需要些什麼。前天我打算丟掉一些我認爲不再需要的衣服，因爲我要退休了。然後，我想起我媽撫養我們長大時，在我爸死了以後，學校管理員的家人曾經給了我一些衣服。我想，或許，我很難捨棄我買給自己的衣服，是因爲我不確定以後在沒有薪水的情況下，我是否還能買我需要的東西。」

「所以，這是信念的問題，」我把我察覺到她話中的涵義換個方式說出來，「你的意思是，你希望自己相信，在新的生活中，你有能力擁有自己想要的東西。」

「我從來沒有這樣想過，」她回答道，「我一直往最壞的方向想。儘管我已經學到多少種賺錢的方法，我還是可以一塊錢當十塊錢用，不買東西，買打折品，然後什麼都還是享受到了。但是我把這些都忘了，反而一直擔心將來錢會不夠用，而且諷刺的是，我現在竟然爲了有太多東西而煩惱！」

搬家時總會發生許多意料之外的事。朋友和家人需要聊聊他們將會懷念的東西和擔心的事物。佩德一直沒有發現困擾她的是什麼，直到我們談話結束的時候。那時她終於瞭解，並非她收集的東西讓她覺得沉重，而是她小時候依賴別人的救濟，因此擔心退休後沒有收入可能無法負擔自己所需。當我們開始談話時，她被整理東西弄得受不了，但當我們結束談話時，她已經將自己的感覺和回憶整理了一遍。我們要用點時間讓朋友和家人帶領我們走進他們的情感閣樓，在那裡，他們儲存了好多東西，而且還存放了好久好久。

搬家後，朋友和家人需要我們的支持和其他更多的東西。雖然有點難以察覺，但重新安定下來可能令人**不安**。很多時候人們會迷失在新的環境中。不是少了地圖就找不到路的那種迷失，而是無法找到情感上的方向。

如果你和大部分搬家的人一樣，你會知道在老家和老社區要去哪裡找東西，知道交通狀況以及鳥和天氣的變化，知道在緊急狀況下能依靠誰——朋友、精神上或宗教上的社群，以及鄰居。你知道最好的雜貨店是哪一家，你是藥劑師名單上的前幾個名字，而當高速公路塞車時，你也知道最好的逃難路線。舊社區裡，在一些不重要的地方，有人看到你會給你一個微笑：郵局、銀行、五金行。但在新的城鎮，你卻是個沒有歸屬感的陌生人——暫時性的。

對一個移居新城鎮、覺得自己格格不入的人，你要如何給予支持呢？

・告訴他們交通上的捷徑，以及你最喜歡的小路。

・他們在此地第一次碰上暴風雨時，打電話過去，看看他們應付得如何。更好的做法是，在風雨來襲前，就先打電話問問他們，是否能幫他們做好防災準備。

・看他們是否需要找水管工人、醫生、保姆——告訴他們當地廣受好評的人選。

・如果你是被留在舊社區的朋友，不要與他們疏遠了，每隔一陣子就打個電話過去，看看他們適應得怎麼樣。

你可能會因爲錯失老家的一些事物而哀嘆好幾年，不論是你種下的樹，還是與鄰居的小狗玩。當朋友和家人搬家時，對你（還有他們）來說，好像只是搬到地圖上另一個點，但要幫助他們找到方向，需要的可不只是一張路線圖而已。

不是你以爲的那樣

→破產背後的傷害←

我們很少人知道有誰破產了。有個原因是，許多人認爲，一旦跟別人說自己破產，難保不會遭致批判。所以我們無從得知他們已經破產了。導致破產的因素有很多，包括尾隨意外事故或悲慘疾病而來的大筆醫療帳單、生意出現離譜的錯誤、過度開銷，或是遭人背叛。不管原因爲何，一個家庭在破產後，要耗費數年的時間才能恢復，而對於這段期間他們所面臨的現實狀況，我們必須要很敏感。

「我從沒有想到，這會發生在我們這種人身上，」安琪拉說，她正在談她和先生彼得被迫宣告個人和業務破產時的情形。「令人難過的是，有些朋友不想接近我們，因爲他們認爲：『如果他們會出這種事，那我也有可能。』」

我們本來經營一家公司，生意還不錯，擁有五十六名員工。我們總是發得出薪水，也一直按時支付供應商費用。我們一天工作十二個小時，但樂在其中。我們的員工就像家人一樣，客户也很仰賴我們。可是，突然間，國稅局打電話來說，他們已經凍結了我們的資產，要我們在四十八小時內支付一百五十萬美元的欠稅。

我們不曉得這是什麼樣的情形。有二十四小時的時間都處於震驚狀態——就像有人在你的胃上揍了一拳，你無法呼吸或思考。然後，我們必須開始動作。第一天我們用存款支付員工薪水，第二天就解雇半數員工。我們後來才發現，原來是有人挪用了公款，但那時已經太遲了，我們已經進入了破產程序。

最難過的事情之一，就是看著我們的設備——價值大約七十五萬，是我們努力工作買下來的——被賣掉。破產律師向我們保證，我們的設備會在公開拍賣中賣出。但為了某個原因，它被私下以兩萬五千的價格賣給一個人。根本就沒有拍賣！而我們的設備賣出沒多久，那個人就以十六萬元脫手。要是我們能自己來賣，而不是透過破產經理人，我們可以賣到更高的價位。可是，一旦你宣告破產，你再也無權過問任何事。

在發現我們無法掌控自己生活的同時，我們還發現了別的事：我們不再是公司的老闆，我們失業了！我們甚至覺得失去了自我。在忙著想辦法付款給供應商、支付租金和購買雜貨的表象下，盡是自我的混亂。

「別人做了什麼幫你渡過破產初期呢？」我問安琪拉。

有個朋友讓我一直談我有多麼恐懼、我對破產官員對待我們的方式有多麼生氣、我不知道我們哪裡做錯了，以及我們覺得有多麼丟臉。我還談到感覺自己是個被害人的感受有多糟糕……有人挪用我們的錢，但卻要我們負擔最後的代價，這又是多麼地可怕。最重要的是，我的朋友沒有為了事情這麼可怕而試著向我表達同情。一旦我說完自己在想些什麼後，就能開始深入思考。不知為何我的朋友知道這就是我所需要的，他沒有試著提供我一些解決方案，甚至沒有想辦法讓我覺得這並非全是我的錯。

然後，安琪拉解釋說，破產之初，有好幾個星期她和先生都不曉得能從哪裡弄錢來買家裡要用的雜物。她家裡還有兩個小孩要養。「有人說要借錢給你嗎？」我問，我想知道對她這種處境的人做這種提議，是幫助還是冒犯。

好幾個人告訴我們：「有什麼我們幫得上忙的事，請告訴我們。」所以我們就真的向一個朋友借了一萬塊，這讓我們稍微喘了口氣，能夠想想如何度過一段我們完全沒有準備怎麼過的長期過程。這是當你進入破產程序時，另一件你的朋友要知道的事。社會上沒有針對破產的支援團體。破產官員對你的態度是你沒有準備好要去應付的。我知道有人濫用破產程序，不公平地利用其中的優勢，或許這是為何官員那麼嚴苛的原因。然而，我們沒有心理準備自己會被當成罪犯看待，而有的時候，你就是會有這種感覺。

命運的安排讓我在感恩節前一天與安琪拉談話。她和先生在三年前的感恩節時搬離家鄉，試圖重新開始。

自從我們破產以來已經五年了，你知道今天最困難的事是什麼嗎？不是去貸款時的難為情，也並非在不是公司老闆後，重新發現自己是誰的過程。甚至不是我們這一路來失去的朋友。而是在外表上，就其他人看來，我們的生活看起來還好。我們感恩節時有東西可吃，我們有個家，我先生找到新的工作。最困難的是，別人無法看到還存在你內心的事物。這麼多年後最難過的事是走進渥馬百貨（Wal-Mart），然後心裡想著：「就算打折我也買不起一條牛仔褲。」這不是因為我沒有那個錢，而是我永遠都會想，如果我今天把錢花掉了，在我最沒有預期自己需要錢的時候，錢可能會不夠用。我們會恐懼擔心會不會再發生一次破產。

在試著支持一個正在經歷或是已經走過破產程序的人，還有什麼是我們需要更用心的呢？我們可以避免對造成對方財務危機的因素驟下結論。套句我另一個曾經破產的朋友玫琳凱所說過的話：「我的建議？不要因爲某個人仍然有一輛好車、一間好房子，還是小孩要結婚了，你就覺得自己對他全盤瞭解。我沒有辦法告訴你，當朋友在你背後說悄悄話時，那有多麼痛苦。我們意外破產後不久，孩子結婚了，我們在婚禮上請來了樂團現場演奏，但卻聽到別人懷疑我們怎麼負擔得起這個費用。我想告訴大家，這是一個好朋友送的禮物。可是我當然沒有這麼做。」

朋友需要知道我們如何看待他們，不管他們擁有些什麼或是生活中的處境爲何。許多年後，當朋友試著貸款，或是等待信用機構批准時，我們可以爲他們感到難過，因爲我們知道他們過去的財務仍然是隻看不見的黑手。但對一個正在應付破產局面的人來說，最珍貴的或許完全與我們所說的話無關，而是我們能夠將推測和批判都擺在一邊。

如果我不是從前的我，那我是誰？

——在發生改變一生的事件後——

有的時候，醫生的一個診斷，一件意外事故，失去一個工作，或是婚姻的結束，就會剝奪你的身分。突然間，你不再是你以爲自己是的那個人，不再能以那個身分終老。當朋友、同事、或家人有天醒來發現他們不知道自己是誰，你要對他們說什麼呢？針對如何幫助掉進恐懼的人，芭芭拉給我們上了一課。

芭芭拉在她朋友的語音信箱裡留下這麼一個訊息：「我打電話來是要讓你知道我今天聽到了壞消息。我沒有很驚訝，但這也不是我所期望的。我不確定要怎麼接受這個消息。我正試著消化它。我的癌症復發了。檢驗發現有更多惡性腫瘤。我不確定我該怎麼辦。我有很多事要想想。我希望能和你談一談。」

朋友回電時問芭芭拉：「現在情況怎麼樣了？」

「復發了，」她簡單地說，「有些癌細胞長成了小腫瘤。我不驚訝，我們知道有這個可能性，但我一直這麼健康。我比罹患癌症以前看起來還要好，也覺得比較好。有部分的我無法相信會發生這種情形。我以爲我或許已經克服它了。我的感覺一直這麼好，我就是無法相信。」

然後她劈里啪啦地講了一大串的話：「我一直在想這個問題：如果我不是以前的我，那我是誰？我是一家旅行社的執行長，如果我不再經營公司，那我是誰？要是我失去體力和精神怎麼辦？要是我躲不過病魔，必須躺在床上幾個月會怎麼樣？我從來沒有這樣過，我就是無法想像自己這樣。我只要一想到就會害怕。」

當朋友跟你說她是如此地迷惘，你能對她說什麼呢？你要如何幫她重新發現她還是有能力做些什麼的，只是她的能力會以新的方式顯現？她此刻正在困惑，你要如何幫她把生活一點一滴整頓起來？

芭芭拉的朋友停頓了一下，因爲她一時還不確定該說什麼。她必須回想芭芭拉剛剛告訴她的事。她必須先確認自己的態度，然後才能幫芭芭拉找到方向。芭芭拉聽起來很震驚，因爲她做了最大的努力去克服癌症，但癌症還是復發了。芭芭拉也提到失去自我的事。她就像我們許多人一樣，全心全意放在事業上。芭芭拉對朋友的眞正需求是什麼呢？不管她的朋友說什麼，癌症都不會消失不見。芭芭拉一直懷抱著希望，但願自己能重返罹癌前的生活方式，但現在突然間，一切全都改觀了。

「你好像在怕自己無法像當執行長時一樣充滿目標或目的，」她的朋友觀察道，把芭芭拉的部分顧慮換個方式再說一遍。「你聽起來也像是在尋找一些展望未來的新方式。你需要我幫忙建立你以後可能有的、新的自我形象嗎？」

「就是這個！」芭芭拉叫出聲來，「我需要一些別的看法。請你幫我找到看事情的新方法，因為我現在連好好地思考都沒有辦法。」

「既然你問了，我眼中看到的你是這樣的，」她的朋友說，「芭芭拉，如果回到一年前，我會告訴你，在接下來十二個月，你會成為一個嚴格的素食主義者，並且激勵別人做體內環保；即使你放棄你深愛著且沒有就活不下去的管理工作，你還是會過著忙碌而充實的生活；你會接連著去度假，和你眞正喜歡的人去一些地方；你會學會如何讓別人來幫助你；你會和前夫建立起一個非常特別的關係；你這個極端注重隱私的人會公開地訴說你的故事，並給別人一些意見；紐約市的醫師會稱你為他們的明星病人，因為你動過下腹部癌症的大手術後，康復的速度前所未見；還有你會打造全球的癌症專家網絡，涵蓋醫療與另類治療團體。不過，你一定會跟我說：『你瘋了。』」

「沒錯，」芭芭拉笑了，「聽到我在這麼多的痛苦、挫折和恐懼下學到這麼多東西眞是令人驚奇。我想我沒辦法用你的方式看到事情的全貌。謝謝你記得我走過的路，以及所有幫助過我的人。這眞的是非常的特別。」

此時，你會怎麼幫你的朋友把她的生活重新構圖？你要怎麼幫她從生活原有的方向轉向，展望可能的未來？你要怎麼幫你的朋友去除腦中的恐懼而光明在望？

芭芭拉的朋友建議她對自己的恐懼採取實際的做法。「今天你說，要是你不能旅行或失去充沛的體力的話，你無法想像自己會變成什麼樣的人。好，就把所有你在害怕的事都寫下來如何？問問自己，什麼是最糟糕的情形。恐懼本身沒有什麼不對，除非你連承認自己恐懼的勇氣都沒有。恐懼讓你知道什麼重要什麼不重要。所以通通寫出來，就讓它們走出你心裡的風暴。」

「我從沒有這樣想過，」芭芭拉笑著說，「你說的沒錯。我從沒有想過我會從執行長變成一個沒有工作的人，然後過著一個全新的生活，而這種生活比我所能計畫的還要充實。我從沒有想過，手術後還能恢復身材，更別提看起來比以前更好。我沒有想到自己會在雜誌上登廣告問人家：『有人跟我一樣嗎？』老天！我也沒有想到我會學會如何讓別人來幫助我或者依賴別人，而且還能樂在其中。我從沒有想過我會成爲今天的我，因爲我無法想像自己不是從前的自己。」

當別人驚慌時，我們如何帶給他們希望？試著提醒他們，他們是如何跨越障礙活到現在。說出他們一路上所學到的東西。不要把他們面臨的痛苦說得無足輕重。但要提醒他們，他們到目前爲止已經克服了多少事情。

在芭芭拉的案例中，她害怕的是，如果沒有工作，沒有責任在身，或是沒有執行長身分，她不知道該怎麼辦。她自問失去這些東西，最糟的會是什麼，於是她發現了，自己其實能夠運用業務技巧，動員資源治療癌症，舉辦新型治療的研究，甚至還能教育他人。她發現在失去一個生活目的後，還可以找到另一個目的，但唯有先把她最恐懼的——失去對自我的認同——寫下來，她才做得到。

我們分手吧！

❖ ❖ ❖

→當戀情劃下句點←

當戀情畫下句點，一堆的人會試著讓你好過一點，他們會跟你說：「這不是你的關係，都是他害的。不要折磨你自己。」或是：「你以後會明白，還有其他更適合你的人。」或是：「愛過又失去總比沒愛過要好。」或是：「我早就知道她不適合你。她配不上你。」

問題是，你在失戀後，可能並不需要成天聽這些話。你需要大喊大叫，情緒低落，懷疑到底爲何又發生了這種狗屁倒灶的事，然後發誓再也不談戀愛——你需要有個人聽你說話，不管你是多麼不合情理、憤怒、悲傷、暴躁、受挫或混亂。你不需要別人告訴你他們的故事。你不需要朋友或親人跟你說他們知道你的感受，因爲他們不知道。如果你的朋友才剛與情人痛苦地分手，你必須克制自己，先袖手旁觀一陣子。

我在一段戀情戛然而止後，曾詢問一些朋友的意見，看看究竟是哪裡出了錯。當我的朋友大衛打電話來時，他打斷那些我從其他朋友那裡聽來的、七嘴八舌的建議，告訴我：「我知道這讓你很傷心。但你想要瞭解事情眞相的所有努力，都不會讓你遠離傷痛。」稍後，他鼓勵我不要假裝自己是另一種人，並停止想要在談戀愛時改變自己。他告訴我，只有當他接受自己原本的樣子，停止試圖變成別人所期待的那個人，他才能放鬆，才能平息憤怒或解脫。他的話救了我，因爲我一直就在聽別人說我該怎麼改變，簡直快把自己給逼瘋了。

我寫了封電子郵件給我的朋友安迪，信中寫到人們給我一堆好心的陳腔濫調讓我有多麼受挫。他在那個週末寫下自己的經驗，談到他曾參加一整天的戶外繩索課程，而他是唯一沒有完成課程的人——他從梯子上退縮下來。當所有人試著讓他不要因爲怯場而覺得難過時，他快要瘋掉了。他想，畢竟，憑著他六呎七吋的身材而且一直是個運動員，如果有人可以完成繩索課程，那應該是他才對。

他想要的只是好好難過一場，但沒有人想讓他這麼做。這就是問題的所在。很少人，包括我在內，知道要如何陪伴一個正在傷心、生氣或迷惑的人。我談的不是陪伴一個覺得受到威脅的人。而我所謂的陪伴，指的是不要試著讓事情立刻好轉。

我們繼續利用電子郵件，你來我往地談論應付朋友好意的諮商有多麼令人受挫，在這當中，安迪寫了一首詩。他同意我把它在此公開，而這首詩之後也以較長的版本刊登於他的著作——《從梯子上退縮》（*Backing Down the Ladder*）。

沒有什麼是非做不可的

讓我們分享一點信念
牧師說
或者完全沒有信仰
如果你是這樣的話
我能說的只是
沒有什麼事是你非做不可的
就在此刻
不用做　不用想　不用精神角力
就能看到你恐懼與淚水中的祝福
沒有什麼事是你今天一定要做的

讓我們手牽手
唱著詩歌
為了生命中神聖的不完美

對一個因爲分手而憤怒的人，或一個爲了事情進展不順利而感到難爲情的人，我們很難知道要說些什麼。在「我們分手吧」的初期，你的朋友可能又回到上一次他覺得受傷害或失望時的狀況。失去戀情和有人死亡的經驗非常相似。這是爲何你的朋友可能會想起一些故人——從失去一隻寵物到父親、母親、朋友或老師的死亡——當然還有其他已經結束的親密關係。朋友可能需要你當個讓他可以好好回想這些記憶的地方，不論這些記憶很苦或是已經隨著時間變得不那麼尖銳。

當你的朋友接受戀情業已結束的事實後，他可能會被沒有實現的夢想所折磨，他會想知道：「爲什麼會發生這種事？我哪裡做錯了？爲什麼我漠視自己的第六感？」這些「內在對話」馬上就會發生，試著記得，你想要安慰的人可能沒怎麼把你說的話給聽進去。或許你會給他各種建議——從事情發生的原因到他的未來會怎樣。但這正是你練習有意識地聆聽的時候。即使這樣聽起來好像沒有立刻幫上什麼忙，但試著將朋友似乎有的感受、你所看到的，或者你在朋友的聲音裡聽到的，換個方式說給他聽。這麼做可以讓他把深鎖在內心的東西釋放出來*。直到他能夠感受到這些東西——並停止阻擋自己去感受——他才能療傷，繼續過日子，也許過些時候，會因你的看法而受益無窮也說不定。

* 許多專家——從社會工作者、神職人員到兩性關係顧問——都能幫助人們走出分手後久久不去的影響。你也可以拿一些傑出的書籍給朋友看，或自己先讀過一遍，看看是否有某個章節或某個練習可能特別派得上用場。

省思

——放下理性，回歸心靈——

猶如一匹馬可以嗅到恐懼的氣息，人也可以感受到周遭的精神能量。你可能曾在某個時刻說過這樣的話：「我對這個人的感覺很好，他散發出一種很好的氣息。」然而，你卻不曉得自己為何會有這種感覺，那純粹是你所感受到的。在和人對話時，你也可以發現同樣的事：那個你想要支持或安慰的人，可以察覺到你帶進對話中的精神能量。

別忘了，我們在別人身邊時所散發的精神能量，足以影響對方的能力。如果懷著不知該怎麼幫助對方的感受，你的精神能量可能會被分散（因此導致你把別人的感受分散）。或者你知道要怎麼幫對方，但不確定要如何給予幫助，或如何讓對方接受。所有這些內在對話會把你希望提供的療傷的對話糾成一團。當某個人和你談他的痛苦或沮喪，你難道不會發現你的內心開始在說話？我們會想：「我無法相信她竟然……」，或是「我無法想像……」，或是「我絕不會做……」，或是「好可怕！」或是「我完全不知道該怎麼幫他」，又或是「我永遠也無法問他這個」。這些都是我們內在的對話，而且它們還常常被蒙上另一層色彩，被我們該做什麼、對某人正在說的話同意或不同意、對發生在別人身上的事所感到的恐懼，或我們要說什麼或如何行為舉止這種種的擔心所夾帶的精神能量所渲染。

有一個方法可以把你的精神能量調到具有療效的頻率，並吸引別人對上你的頻率，那就是面對你自己沒有表達出來的憤怒、悲傷、恐懼、批判或困惑。你也要瞭解，你所仰賴的人或許也怕讓你失望，或因為不知道能否對你的情感做出適當的反應，因而猶豫著是否要幫你的忙。你也許需要停頓下來，坦承——對你自己或其他人——你的感受。花個幾分鐘這麼做，可能就會讓其他人也跟著放寬心，談論他們自己的感受或不安。

那麼，你要如何坦承自己的心想到哪裡了？又要如何與你正在對話的人回到療效性的連結呢？你可以這樣說：「亞倫，當你跟我說你爸病重，以及你不知道該做什麼時，我發現我一邊坐在這裡聽你說話，一邊想到我若失去自己的爸爸會怎麼樣。我想告訴你，我發現自己竟然在害怕，怕事情發生在我身上時我要如何因應。」

當我們不讓別人知道我們腦子裡在想的事或身體裡的感受時，我們可能很微妙地讓我們想要支持的人誤以為我們在無聊、沮喪、批判他們或心不在焉。倘若你鼓起勇氣告訴別人你內在的對話或是你的感受，雖然你會因此容易受到傷害，卻能清除那些干擾療效頻率的靜電。透過有意識地將你的頻道調到聆聽的狀態，你可以建立起一個關懷的態度。這時你們會享有一個寶貴的「敞開心房以對」的經驗，因為沒有任何人帶偽裝。

- 在我瞭解對方與我自己的感受，並體悟對方當時可能真正需要我做的事前，我要如何克制自己暫時不要問問題？
- 如果我不給這個人建議或幫他解決問題，我怎麼曉得自己幫上忙了？有什麼是我可以尋找的線索，讓我知道「只要聽」就夠了？
- 如果是我需要別人幫忙，我又不習慣依靠別人，什麼是我可以踏出的一小步，讓我下次再碰到同樣的情形時，能夠開得了口？

Chapter Ⅱ

健康問題

檢驗結果

→聽到結果或等待消息←

有一天，你或是某個你很親近的人可能會接到醫生打來的電話，告訴你令你心驚膽跳的身體檢查結果。珍有天晚上就碰到這種情形，而她發現，人在這個時候會希望醫生、家人以及朋友的用詞遣字能夠小心妥當。

「你的指數不正常，」醫生告訴我，緊接著又說了一堆我聽不懂的專業術語。然後，她提到我的檢驗數值介於二到四之間。

「正常值是多少？」我問醫生。

「一，」她說，停了幾分鐘後才告訴我這個壞消息：有些細胞的指數是四。「你需要去看專科醫生，幫你做切片檢查，」她向我說明，並急促地背誦那些她對其他也有類似問題的女性所說過的話。

此時，我渴望能被當作一個人來對待，而不是檢驗出來的數字。突然間，我腦中短暫地浮現一個念頭：也許對醫生來說，這也不是件容易的事。不過，大部分的時候，我只希望醫生告訴我一切都不會有問題。我很想相信檢驗的數字有誤，但又忍不住責怪自己是否該想這些有的沒有的。我們只談了幾分鐘的話，不過我覺得，醫生似乎一直無法告訴我到底出了什麼事。

「我們談的是癌症嗎？」我問。

「呃，是的，」醫生說，一副我現在應該已經知道的樣子。她繼續說下去：「這原本就是針對癌症的檢驗。我們會再做切片檢查。」聽了這句話我好像應該要覺得安心，但我沒有。這句話聽起來非常機械化。我們討論了保險以及我該找哪些醫生做後續的檢查。最後我們的談話轉到藥物與如何運用醫療體制上面。

「最好和最壞的情形是什麼？」我問醫生。

「最好的是在做了切片檢查後，發現並非癌症，再用冷凍的方式剷除這些細胞。最壞的則是，呃，要動大手術。」

掛上電話以後，我覺得自己像是統計數字，就像數百萬個接獲這個消息的男男女女，必須先坐著等待，直到我們能夠進入某位醫生的診間，在那裡，我們是全然的陌生，而且只是引介給他們的、不正常檢驗報告中的一個預約患者。我們都等著預約，等著更多的檢驗報告出爐。心裡則想著如果發生了什麼情形會怎麼樣，以及為何會發生這種事。然後，我們會問，接下來呢？我開始思考我人生中真正重要的東西是什麼。我想知道自己到底還剩多少時間——我想很少有人會一邊過日子，一邊想著今天或這個星期，或是這個月就是我們在人世間的最終時日。除非是健康檢驗結果不正常，否則不會有人去想到這些問題。

我懷疑自己是否該打電話跟別人說。畢竟，也許沒什麼好擔心的。我也不想讓別人為我難過。要是檢驗出來沒事，而我卻讓大家虛驚一場的話怎麼辦？我決定先找我姊談談，結果她不在家，但她先生為了讓我安心，很切實際地對我說：「你聽我說，檢驗也可能會出錯，你還要再做一次檢查。」

不過，我還是想找人談談那些在我腦袋裡跑來跑去的念頭，於是我打電話給一些宛如我父母般的好友。他們安慰我的方式很實在。第一，他們沒有試著掩飾他們的驚慌或擔心。「好嚴重，」他們說，「說詳細點。」第二，他們也沒有試著說：「喔！親愛的，一切都會沒事的。（此時，我當然想相信自己不會有事，但既然沒有人可以確定，我也不想要有哪個人堅稱我會沒事，因為這會讓我覺得自己的害怕是很愚蠢的。）」他們不想帶給我錯誤的安心。第三，他們設法確認我對自己的醫生是否有信心，如果沒有，他們準備幫我另找一位醫生。第四，他們告訴我，恐懼是很正常的反應。

然後，我的朋友說，聽起來我好像是在告訴他們，這可能是我有生以來面對的最大未知數。沒錯。困擾我的並非害怕自己應付不來，不管發生的會是什麼情形：讓我難以承受的，其實是未知。當他們說到：「等待自己是否罹患癌症的消息**確實**是一件大事，我們以及其他人會幫你度過的，不管發生什麼事。」我因此瞭解到我真正害怕的是什麼。

接下來的日子，當我等著做更多的檢驗時，有個聲音不斷在我心中響起：「如果發生了什麼會怎麼樣？」它怎麼也關不掉，小小的聲音訴說著：「你的時間到了。」在短短幾分鐘，所有的事情就可能變得不一樣了。我暗自想著，**時間到了**，為生存奮鬥的時間到了。幫助我度過等候期的一件事是，記得我朋友所說的話：「不管發生什麼事。」對我而言，那句話意味著，不管是虛驚一場抑或真的是癌症，我的朋友不會在事後批評我，或讓我覺得自己很愚蠢。他們會「陪著」我。雖然這聽起來很簡單，卻很有意義，因為我還要等上好幾個星期，才能得知事情到底有多嚴重。

我們之中曾經經歷等候檢驗結果出爐的人，有另一個見解可以提供給朋友和家人：即使結果顯示身體沒有出什麼狀況，但經歷這樣過程的人可能已經有了不同感受。我們的人生可能差點就要改變或是縮短。就算檢驗出來一切都沒有問題，我們可能對自己的生命長短有暫時性或長久的自覺。我們被迫加入一種兄弟會或婦女會，在那裡的每個人都有個共同點：他們都曾等待過一個可能永遠改變人生的消息。他們都曾短暫地活在停止活動的狀態中，屏住呼吸，盼望能得到最好的消息，同時也害怕聽到其他的消息。他們可能需要和人談談關於想要改變自己人生的想法，包括工作、態度、習性、優先順序或是對待別人的方式。這並不是反應過度。這事實上是在等待得到最新報告的幾天或幾週內，對他們已然深思過的「如果發生了什麼會怎麼樣」的反應。

若你是透過電話傳達檢驗消息的醫生或護士，試著用幾分鐘的時間來探知你的病人是否獨自一人。你可以問問病人，是否有人可以在你們的電話結束後與他談一談。對病人而言，突然間被丟進一個與陌生人談論數字和醫療可能性的世界，也就是被轉入專科醫師那邊以進行更多檢驗，這或許相當難以接受。記得讓你的病人瞭解，如果檢驗出不好的結果時，你的診間將如何幫助他們獲得需要的照顧。好幾位醫生告訴我，當他們用電話通知病人檢驗結果時，若對方「只」是檢驗結果不正常時，他們會鬆一口氣。其中有個醫生坦承：「我們有時會忘記，即使檢驗結果不一定是有生命危險，還是可能顛覆了病人的世界。」醫生或護士可以提供病人第一步的幫助，幫助他們定下心來，不管發生什麼事。

如果你的配偶或對你很重要的人正在等候檢驗報告，你同樣也面對了困難的挑戰。你可以思考一下以下這位女性在等候黑色素瘤是否復發的消息時的體驗：「當喬治終於用手臂環抱著我說，他有多害怕會失去我時，我才感受到他有多麼關心。我之前曾兩三次問過他的感覺是什麼，那時我有種只有我一個人在害怕的感覺。他本來沒有說什麼，但我繼續追問下去，他才解釋說，他怕談他的恐懼會讓我更有可能罹患癌症。我**確實**瞭解他的想法，但我想要自己的身邊充滿了同理心和關懷……我現在正學著自己開口要求。」

和平戰士

❖ ❖ ❖

→幫助別人面對診斷結果←

某個夜晚，一群朋友同時收到伊麗莎白的電子郵件。她才剛得知她先生身上原以爲是良性的腫瘤，結果竟然是癌症，需要立刻動手術並進行化療。她在信中寫道：「我希望你們之中曾面對癌症的人能給我建議。對你來說，從配偶或所愛的人那裡得到什麼樣的支持才是珍貴的？我無法接受這個壞消息，到現在還不能相信會發生這種事。」聽到認識的人被診斷出重大疾病，而他所愛的人正向人求助，你要怎麼樣伸出援手呢？

有時候，面對困難的人不想聽你的經驗，因爲他們需要先談談自己的感受和憂慮。可是，在這個案例中，伊麗莎白特別要求朋友提供見解，以幫助她和先生朗恩渡過難關。於是我寫下這個訊息給她（內容經過重新編輯，以因應出版的需要）：

伊麗莎白：

我妹妹在擔任腫瘤科護士的期間，我有個朋友突然被診斷出癌症。當時，我妹妹教了我一件很寶貴的事。她多年來一直在照顧癌症病患，因此知道當一個人被診斷得了癌症，他會突然覺得自己的生活失去了控制。對病人而言，最糟糕的事就是有人開始管起他們的生活來。我妹妹鼓勵我們給病人一些情感上的空間，讓他們能針對自己的人生、所關心的事物，以及治療方面做出決定。我們很難不去管親戚、手足或朋友的生活。我們難以忍受看到他們因為不知該怎麼辦而苦惱。不過，我們能做的是幫他們獲取醫療資訊，如此便可引導他們做出對自己最好的決定。

朗恩可能讀過丹．密爾曼（Dan Millman）所寫的書《和平戰士的旅程》（*Way of Peaceful Warrior*），如果沒有，我建議他考慮一讀。這本書教人如何為了健康奮鬥，而非與癌症或傷勢對抗。它用很簡單的故事告訴我們，什麼樣的態度能幫助我們療傷。我想說的或許是，當生存面臨一而再、再而三的打擊時——被診斷出疾病、與醫生打交道、日常生活被弄得一團混亂——其他人的話和故事有時能進入這團混亂之中發揮作用。

我雖然不曉得這一切對你和朗恩會變得如何，我鼓勵你們一同閱讀、分享、寫日記、大吼大叫或彼此靜默。如果你覺得生氣，不要以為這有什麼不對。癌症病患的配偶也需要能對某個人說：「那我怎麼辦？」這不是自私，這只是人性。

幾個星期後，朗恩傳給我們大家一封短言，其中談了很多如何在朋友生病時給予支持，還有如果你是生病的人，如何與朋友開誠佈公地討論。

親愛的各位：

雖然我比較喜歡和你們個別通信，但現在對我而言最容易做到的，就是用一封給所有人的信來與你們溝通，希望你們能夠諒解。對於身體上的疼痛或疾病，我一向避而不談，所以像這樣「公開」的談論，對我來說不是很舒服的事。但是，和朋友談我身上所發生的事，確實對我有幫助，這也是為何我現在正在這麼做的原因。

我讀了很多關於癌症、化療，以及有關威脅生命的疾病資料，而有些非醫療性（但非常有治療性）的事，是你可以為你自己做的。其中一件就是表達出你對發生在自己身上的事有何感受。聽聽朋友和家人說的話，多笑一笑，做一些你喜歡的事，這些都相當有治病的效果。

你們有些人對我坦承，對你們而言跟我談這些是很困難的。這其中有很多因素，而我全都能夠理解。我只希望你們知道，說出「癌症」這個字眼並不會令我感到困擾，我並不怕死（我想，我最害怕的是不能活得有品質）。還有就是我對未來是樂觀的，不管未來還有多久。所以，如果你們能接受我的狀況且想要與我談談的話，我就不會有什麼問題。

所有這些幫助都給我帶來了心靈上的平靜。我感激你們每一位在這個過程中幫助我的人。在我動了腹部手術後，你們仁慈地看著我試著打高爾夫，你們用電子郵件、卡片或在玩牌和打電話時告訴我的笑話，你們的探望，你們和我一起共進的早餐或午餐，以及你們的祈禱和思想，在在給予我極大的幫助。它們提振了我的精神，我因此對大家心存感謝。

此刻，我真的很快樂。我知道在接受治療且失去日常生活的同時，會有一些低潮的日子，但我希望這些都會是在最小的範圍內。我知道事情一定會是這個樣子，因為我的人生中有你們這些人。

有些人相信，分享對抗疾病的感受是有治療性的。但是，你的朋友或家人可能就如朗恩在病前一樣地忌談這些。不是每個人都能公開讓朋友知道他們可以談論死亡。此外，朗恩也告訴他的朋友，如果不想談這個主題，那也沒有什麼不可以。

倘若你不確定你想要安慰的人希望得到什麼樣的支持，你可以藉由增進自己對他所患疾病的瞭解來表達你的關切：

- 打電話詢問你自己的醫生，看看能在哪裡得到這種疾病的相關資訊。
- 打電話到癌症學會等組織，詢問你的朋友或親戚所患疾病的相關資訊。
- 到圖書館或上網找資料，盡可能地多多學習。

你不需要變成這種疾病或病況的專家，但你至少可以分享你的朋友正在學習的事。你**可以**瞭解有關的研究、療程與可能的副作用、另類療法，以及康復的情形。你可以學習與這個病症相關的語彙，並瞭解什麼是好消息，什麼則可能是壞消息，以免給予朋友錯誤的希望或太早下結論。朋友一旦知道你在努力學習相關的資訊，便能瞭解你對他有多麼關心了。

面對手術

❖ ❖ ❖

手術前、手術中與手術後

看多了和手術相關的電視節目，容易使得動手術這回事變得如家常便飯般沒什麼大不了。然而，當它發生在你身上時，事情可就不一樣了。在這方面，我的朋友教了我一點，也就是在動手術前、手術進行中和完成後，我們其實有很多可以相互支持的方式。

「我希望有人可以給我最重點的建議，告訴我什麼才是有用的，」有個朋友在接受重大手術前的某個晚上說道。他覺得自己被一群朋友的好意給淹沒，他們給了他一大堆的文章，還有可以打電話詢問資訊的人的姓名、書籍等等。「我知道他們試著幫我的忙，」他說，「但現在我覺得自己好像有三份全職工作要做——經營公司、將工作安排好以讓我可以暫時離開，然後還要閱讀資訊，這樣我才能對自己的健康做出一些決定。」

不論你面對的手術是大是小，你在逐漸康復的過程中可能會發現，原來你不懂的事有這麼多，原來你需要的幫助有這麼多，這一切可能使你難以承受。就好像你必須事先就爲「手術前」、「手術中」和「手術後」做好準備。因此，爲了幫助一個準備開刀的人，你應該提供實在的、能消化得了的諮商或資訊，而且是專注在他們可能有的某個顧慮或需求上。舉例來說，如何找到對的醫生、另類療法、選擇醫院、幫忙處理家裡的事、財務支援，以及如何與他們的家人和同事談論即將進行的手術、術後療養以及病人將會需要的特別幫助。

你也可以直接說出你能爲他們做的事（帶他們往返醫院、修剪草坪、澆花、接小孩、打掃家裡等等），而不是問他們：「你需要我做什麼嗎？」人通常不知道也無法預測自己會需要什麼。若是你提出一些你能做的、簡單的事，他們會很感激的。在提議你要幫的忙時，你可以這麼說：「我可以安排時間，帶你去動手術，然後接你回家。換作是我要開刀的話，我會需要別人幫我做這個的。所以如果能爲你做這件事，我很樂意。」

我永遠也忘不了，當我動雷射手術移除癌前病變細胞時，我的朋友瓊安爲我做的事。她說她要爲我祈禱（我不認爲自己會要求別人替我做這個）。她不只爲我禱告，她也替醫生、護士和設備禱告。沒錯，就是設備。手術當天，我告訴醫生和護士，我的朋友正爲我們大家還有設備祈禱。醫生抬起頭來，微微一笑。「你朋友的想法是對的，」他說，「這是我們第一次在這間診間使用這台新設備，來幫忙的護士平常也沒有處理過這種手術，而且，今天是十三號星期五！」

有時候，我們想要讓朋友好過一點，所以我們立刻就跟他們說：「你不會有事的。」或是：「你以前經歷過這麼多的事，你應付得來的。」這些話聽起來讓人安心，但第一次開刀的人也需要能夠表達出他們的害怕、生氣或焦慮。他們不需要別人跟他們說：「你不會有事的。」他們可能會想吼回去：「是嗎？你怎麼知道？」又或者他們不想抱太高的希望。當然，他們希望手術成功，但還是需要和人談談他們對手術失敗的擔憂。倘若病人身邊的人出於想要相信一切都會沒事而對這種談話噤若寒蟬，那病人的恐懼就無處可以傾吐，只能在自己的腦子裡徘徊不去。要是我們能溫和地問一聲：「有什麼是你在擔心、想要跟我談談的事嗎？」就能幫助到病人。或者我們可以說：「無法確知手術會成功還是失敗一定讓你很難受。」然後停頓一下，讓柔和的靜默營造出一個他們可以思考的機會。

很多人在開刀前都會擔心麻醉藥劑、手術後的疼痛、醫生開的止痛藥有副作用，以及療傷時的食物療法，這是很正常的事。你能幫得上忙的，不論是查看他們所需要的資訊，或是想辦法讓他們自己取得資訊。我還記得當我進醫院動腳部的「小」手術時，我對於可能用在自己身上的麻醉藥劑種類有點神經兮兮。要動這個手術，我有三家醫院可以選擇。由於我妹妹正好是個麻醉護士，她極力鼓吹我打電話給這三家醫院的麻醉科，看看麻醉師如何回答我的問題，然後再選擇去哪家醫院動手術。我從沒想到要打電話給麻醉師，但我妹妹解釋說，病人越不緊張，對病人和醫療小組而言，手術就會越輕鬆。

最後，我選定了一家醫院，因爲他們的麻醉師很有耐性地跟我解釋其中的過程。更重要的是，他說出了我的感受。「你知道的，南絲，」他說，「當別人動手術時，那是個小手術；但發生在自己身上時，那可就是大手術了。」我覺得在一個有麻醉師瞭解我的憂慮、沒有試著說服我不用擔心的地方動手術，我可以放輕鬆一點。我們的對話只有五分鐘長，卻讓我進手術房的時候沒有那麼焦慮。我知道這對他來說只是件小事，但對我卻是勝於一切。

我有幾個朋友找到在手術當天請別人支持自己的方法。把手術的時間告訴那些希望你好的人，並要求他們在你動手術時停下手邊的事，然後傳送給你正向的能量，想像手術房裡一切順利進行，傷口也開始癒合。這個想法出自一本很特別的書《手術前的準備：快速療傷》（*Prepare for Surgery: Heal Fast*），作者是佩姫・赫德爾森（Peggy Huddleston）。她建議你請朋友「用具有療效能量思想的粉紅色毛毯包覆著你」。好幾個醫生都發現，使用這個「療效能量毛毯」的方法，爲病患帶來很大的平靜，因此他們要求自己的病人閱讀這本書。我有位朋友在進入手術房時就以粉紅色的毛毯裹住雙腳，當醫護人員想要移走毛毯時，醫生說：「請不要動它。她是包圍在很多好的願望之中，而我們可以利用她所得到的療效能量。」

有時候，我們對開刀當天的感覺就如我朋友所形容的：「D-Day」（譯注：諾曼第戰役中的坦克戰，有發動攻擊和轉捩點的意思）。但在那位朋友動手術的前一天，我們決定叫它「R-Day」，因爲她身體上某個她不再需要的部位將從這天起被「釋放」（released）。

我們到底要如何求助？

↓列出自己的要求↑

你究竟要如何告訴別人你需要他們的幫助呢？

有一天，一個特殊的非營利團體——一班受過專業訓練的小丑——的成立者吉妮，以電子郵件寫下了很棒的求助範例。吉妮訓練小丑，安排他們的行程，並支援一個全年性義工計畫，帶領小丑到地方醫院拜訪院童。在發現自己罹患癌症後，她需要讓手下的小丑（以及朋友們）知道，有些事會因此改變，有些則不然。她寫了一封信給我們大家，提出個人的請求，告訴我們對於現在的她什麼是最有用的事、什麼不是。

親愛的小丑們：

這對我來說，是一封很不好下筆的信。十二月七日，我生日（你們大家都寄給我很棒的祝賀）前一天，我被告知自己得了乳癌。我在十二月一日動手術移除了一些非典型細胞。在切片檢查中，他們偶然發現了一些惡性細胞。這真是太幸運了。我知道你們一定在想：吉妮瘋了。但我聽說，這些細胞是**不會**出現在乳房X光片子上的！告訴我這個消息的醫生說：「即使我們在一年內發現惡性細胞，情況都不會像現在這麼好。」

我覺得自己受到了祝福，惡性細胞能被發現真是不可思議的幸運。我想讓你們大夥都知道，我會**沒事**的！我從九月份開始做檢查，而過去三個月裡，我就像是在坐「雲霄飛車」一樣。

原諒我只用一封信就打發你們全部的人，我原本想一個個打電話，但我遇到的一個女人跟我說：「喔！不要，你打不了三十五通電話的。你需要保存精力。寫封信吧！」這聽起來是對的。

去年夏天，我讀了一本關於非營利的書，書上有句話大概是這麼寫的：「要是一位領導者離開了，而組織還是能繼續運作的話，那代表他領導有方。」我**知道**如果我休個小丑「安息日」，少了我，小丑團還是能輕鬆地運作下去。我**不是**要離開，但我實在需要休息一下，接受治療，並面對所有需要做的決定。

我知道我必須找人代職，還需要時間蒐集有關治療方式的資料、運用創造性的想像、寫日記、休息和接受治療。或許有的人想知道，你們能幫什麼忙？

- 辦公室方面，不論何時，如果你們能幫職員的忙，寫電子郵件告訴我。
- 推薦好電影、音樂，以及你們手上有的美言佳句——我愛死美言佳句了！
- 你們的好念頭、禱告、希望和愛。
- 你們的來電對我意義重大，但除非有需要，否則我可能不會回電話。我會很高興聽到你們的聲音，但我已經被告誡要保留精力，不要一直講電話。

我愛你們這些甜蜜的小丑們

吉妮讓朋友和家人知道她的需求，以及她不需要的事物，這幫了大家一個忙。她提出的要求明確，而且是我們可以實踐的。她在開刀前就先寫信給我們，因此省去無數打來問她能替她做什麼的電話。她主動要求自己想要的東西，而不是等著讓自己被電話或訪客弄得喘不過氣來。她幫助我們瞭解治病將會是她這一陣子的全職工作，她需要把精力專注在讓自己康復上，而非對希望她好起來的人做出回應。她甚至指點我們可以對她有些什麼樣的想法——基本上就是鼓勵我們「傳達愛與祈禱，而不是恐懼」。

走出憂鬱

帕西安西亞

你是否曾經面臨朋友或親戚似乎陷入憂鬱，而你不確定情形有多嚴重或要做什麼呢？幫助朋友走出憂鬱需要耐心——你和對方都要。有時最好讓他們與專業人士談談，尤其是當他們爬不起床、不想上班、不想照顧家人或無法照平常一樣過日子。這是比較嚴重的、臨床上的憂鬱症，而你可以做的是讓他們得到專家的指導。

不過，有的時候，尤其是一開始時，心情不好的人需要的只是一個很好的聽眾。在某些情形下，分享你的故事能讓他們以嶄新的眼光注視自己的問題。這是當某天我覺得自己再也無法走路時所體驗到的事。那時我剛動了腳部手術後兩個月。經歷了幾個月的痛苦和治療，我的腳卻沒有恢復正常，事實上，情形變得更糟。

由於我逐漸有種自己是無救了的感覺，而且意外地陷入憂鬱，我的按摩治療師比爾問我，是否願意聽他如何學會度過一次次憂鬱的經驗，他的憂鬱起因也是受傷，而且傷勢也康復得很慢。我很感謝他停下來看我是否需要繼續談我自己的感受，或準備要聽另外的看法。他讓我決定自己需要的東西，使我更容易把他的故事聽進去：

我要跟你說的是我祖母的故事。她從葡萄牙來到這個國家時只有十三歲。她本來不會說英語，沒有工作。後來，她離開家到麻州展開全新的生活。這很不容易，她在當地一個家庭當管家，然後才學會說英語。她學會如何忍受許多事情。

我在成長的時候，每個人都會打電話請教她的意見或看法。當所有事情看起來晦暗不明且悲觀時，我祖母就是你會想打電話找的人。她帶給別人的，不只是她說的話，還有她在這個世間的生存方式。我們用葡萄牙「帕西安西亞」（paciencia）來形容一個像我祖母這樣的人，也就是一個有耐性的人。

首先，她會聆聽打電話來的人說話。她是一個非常好的聽眾，好到那種舊式的電話接線生會叫其他人先掛上電話，因為打電話給我祖母的人已經佔住了我們與鄰居共用的電話線。她鼓勵大家要有信心，相信事情終究會好轉。然後，她會說：「你必須要有耐性。」

我受傷時，一個又一個醫生無法瞭解我的問題出在哪裡，更別提治療了，我因此開始失去希望。我一直在想，下一個我去找他幫忙的人才能把事情搞清楚。我的腿和背會刺痛，有時簡直痛得難以忍受。更糟的是，不曉得我何時才會不痛，或到底會不會有那麼一天。

比爾發現，爲了要恢復正常，他需要的不只是一個能治療腿的醫生。「我需要有個人可以幫我面對排山倒海而來的憂鬱，」他解釋說，「我知道我該和一位治療師談談，而我也這麼做了。有一天我的治療師介紹我一本小書，這本書讓我能做全盤的考量，並幫我瞭解到走出憂鬱的不二法門是，呃，就是走過它。你要忍耐，不過不是像努力與它對抗或是麻木自己的那種忍耐，而是像我祖母的方法一樣。要有『**帕西安西亞**』。也要有信心。即使我無法想像事情會如何解決，但只要我能忍耐，自然就會好轉。訣竅是不要放棄希望，就算沒有任何人或任何事可以讓我將希望寄託其上。」

在面對人生的黑暗期後，比爾說：「我發現我祖母對她的朋友和家人有多麼重要。她是個治療者，藉由提醒別人要對自己以及暫時還無法瞭解的事情有信心而幫助別人。『**帕西安西亞**』，她會這麼說，『**帕西安西亞**』。」

然後，比爾給了我一本書，就是在他黯淡日子裡救了他的那本書，書名叫做《如何克服憂鬱》（*How to Heal Depression*），作者爲哈洛德・布魯姆菲爾德（Harold Bloomfield）和彼得・麥克威廉姆斯（Peter McWilliams），他們另外也合著了一本廣受歡迎且有用的書，名叫《如何在失去所愛後還能活下來》（*How to Survive the Loss of a Love*）。比爾給我這本書時的態度很謹慎。他不是一副給我書就會解決我的問題或告訴我所有答案的樣子。他給我的，是幫助我得以展望未來的方式。所以，給受挫於困境的朋友一本書，幫助他們開始瞭解自己的痛苦，是你可以支持他們的一種方式。

憂鬱可以有很多不同的形式。它可大可小，會趁你不備時排山倒海而來。它沒有明顯的理由就會出現，或者當你不如意時，就像個生理時鐘一樣定時出現。它也不只是態度或意志力的問題。它隱藏在我們腦中關於接納與處理人生的方式之下。當有人陷入憂鬱時，我們許多人會想法子讓他們高興起來，這是大家都能理解的事，卻很少是他們所需要的。他們需要是我們的瞭解——瞭解他們感覺自己就像是住在一個沒有門和窗戶的房間，一個沒有出口的房間。在我們試著說服他們有辦法可以走出黑暗以前，請記得省思的力量。用點時間心平氣和地去瞭解他們感覺到底有多麼無路可走。他們也需要你對他們的缺乏耐性有耐性。

大約就在我學到「帕西安西亞」和憂鬱的關聯的同時，一位老友和我偶然地談到她希望她先生去看精神科醫師的事。她覺得她無法獨自協助她先生處理一些問題，她先生需要專家來幫助他。三週後，我與一組高層主管在一起，他們也曾試著告訴一位同事，他的問題需要專家才能解決，他的事超過這批人的專業範圍。

我的朋友和那些主管都對他們關心的人說：「你聽我說，我沒辦法幫你，你需要看心理治療師。」我建議你在對別人說這句話時，先停頓一下，站在對方的立場思考。當有人對你說：「你聽我說，你需要幫助，但我無法給你你需要的。」這是個警訊。它會讓你受到傷害或感到震驚，或甚至確定了你一直都曉得但不願去接受的事。麻煩的是，需要幫助的人可能無法自己去找適合的心理治療師。或者像我的朋友形容她先生時所說的話：「他害怕一旦開始看心理治療師，事情反而會變得沒完沒了。」你要懷著慈悲心，接納朋友或所愛的人對接受治療的顧慮，然後暗中幫他們取得所需要的引介，幫助他們踏出邁向康復之路的重要一步。

試著幫別人找到一個心理治療師或許說起來很簡單，但實際做起來卻很困難。若是你自己沒有認識的心理治療師，剛開始時你可以請朋友推薦。你可以打電話給你的家庭醫師，或地方社區心理健康中心，詢問如何幫助一個生平第一次可能需要心理治療師的人。

醫生眞的在嗎？

→善用與醫生或病人見面的時間←

我們大多是因為覺得自己哪裡不對勁，而且想要恢復正常，才會去找醫生。有時只是做個身體檢查，其他時候則是為了比較嚴重的問題。但是，讓病人得到醫治的，常常與藥物、問診或手術無關。當醫生或病人用點時間展開人與人的連結時，透過彼此間謹愼使用的一些話語，治療就已經開始了。

「咻！這裡好冷，」迪希烏洛醫生喃喃說著，對他今早診間第一個病人報以一個怯懦的微笑。「讓我把暖氣打開，」他說，一邊用身子擠進檢驗桌和暖氣設備之間，然後笨拙地開啓自動調溫器。「眞抱歉，我很快打個電話就回來。」

幾分鐘後，醫生回來了，他問病人有沒有不滿意的地方。她沒有不滿意的地方，至少不是對他即將要檢查的——看看她子宮頸的病變是否變嚴重了。「我對你這一科沒有什麼不滿，」她說，一邊在想自己是否該提到體重增加了十磅，精力不振，以及不確定要如何面對中年期的事。畢竟，他只是她的婦科醫生，又不是內科醫生，或心理治療師。但她猜想，嘿，他似乎關心我會不會冷，何不跟他談談我的顧慮？於是她問醫生她的甲狀腺老毛病是否又犯了，所以才會造成體重的增加、憂鬱、昏睡，或這些都只是鬼扯蛋。

醫生做了檢查，發現目前沒有什麼好擔心的。過了幾分鐘，他們回到檢驗室隔壁的診間。他溫和地問病人覺得自己的生活如何，「情況有沒有比以前好？」她說自己好像已經適應了事故、受傷和身體的變化。但她不知道接下來會怎樣。之後，當她問及醫生的太太是否自乳房腫瘤切除手術康復時，他微微一笑，謝謝她的問候。那是一個突然的狀況，使他坐在醫生桌子的對面，變成病人的先生。

接著，迪希烏洛醫生開始談起，什麼才能幫助醫生在這個「安排照顧」的世界中，找到時間或努力聆聽病人說話。由於迪希烏洛醫生把時間安排得很好，所以病人不太需要等候就能看診；對於這樣的時間安排，她很感謝，也表示敬意。她知道醫生必須要結束對她的問診了，但她也瞭解醫生想確定自己已經聽到所有她需要跟醫生說的事。忽然，醫生開始向她說明，他和職員爲了讓病人感覺一切皆以患者爲優先而採取的特殊做法。

「當我們翻修其他診間時，我們在這棟建築物裡特別用心，確保室內沒有水槽，」迪希烏洛醫生說，「當你轉身去洗手的時候，就會背對著病人，而我們不希望這樣。我們認爲應該去另一個房間洗手。診療室是給病人用的，只限於病人。我們也想確保診察室內完全沒有電話。當我們在那裡的時候，就是在爲病人做事。如果醫生要打電話，他必須請病人諒解，暫時離開診間一下，回來後再把全副心力放在病人身上。不過，我們這個政策越來越難維持下去，最近新蓋的房子裡都有電話和水槽，他們就是不瞭解聆聽的重要性，即使只是短短五分鐘。」

「我們以前有個助理很懂得聆聽病人說話，」迪希烏洛醫生回憶說，「她對病人很有一套。病人跟我說，他們不能相信她只和他們相處了短短幾分鐘而已，因爲感覺上時間要長得多。我有一次觀察她如何聆聽病人說話——她只花了四分鐘！但在那四分鐘裡，她對病人投注全副的心力，就算是我，也覺得他們談話的時間不只四分鐘。我希望我們能教導更多我們這行的人好好利用與病人見面的時間，以發揮出最大的功效。」

如果你是個醫生，而且可以專注在一個患者身上幾分鐘（即使只有幾分鐘），不去想其他的病人，也不被不知是否會打過來的電話而分散注意力，那你和患者在一起的時間感覺上就會比實際上還要久。換句話說，就是在和病人相處的時間裡，你的人與心都要在場。

迪希烏洛醫生的病人已經一年多沒來找他了，他不曉得如此，更不曉得她差點就要因爲冬季暴風雨而取消預約。她其實很不想來看診，不想面對自己的老化、停經，也不想檢查她看不到但卻可能改變自己人生的細胞。如果醫生只用聽診器聽病情，她不確定自己會想要說些什麼重要的事。除了雙耳，還有其他的東西告訴醫生要調整頻率去聽聽別的事。如果醫生能多點傾聽，那麼病人在看診的最後有什麼感覺呢？就是多了點人性。這是當醫生眞的在那裡跟你互動時，才會發生的情形。

痊癒和治療的差異？

❖ ❖ ❖

→與慢性疼痛共舞←

對一個身子疼痛或病況一直不去的人，你要說什麼呢？許多人過著有關節炎、背痛、慢性疲勞、多發性硬塊、纖維肌痛，以及其他病況的日子。這些症狀可以被治療，但好像無法完全根治。要向一個隱隱作痛的人問候可能有點困難，更別提與他們相處一段時間了。到底你要提起他們健康的話題還是略而不談呢？

有天我發現，在希望能夠痊癒和想辦法繼續過上天給我的人生之間，是有差異的，即使這代表我必須過著慢性疼痛的生活。我不是因爲我的人生每天都是悲劇（它實際上也不是）所以才和大家分享這個省思。但我的這些想法可以作爲你如何與自己進行療傷的對話的例子。你也可能對這些人生的障礙有新的體悟，並發現治療的途徑——不管對你自己或某個你認識的、有慢性疾病的人。

對於活在慢性疼痛中的省思

你是否曾有不知該放棄還是該讓步的日子？這正是我過去幾年的寫照人生。我到現在還不曉得要作罷還是投降。我想我長久以來一直都在作罷和投降的邊緣踏步。或許你認識的某個人也踩著同樣的步伐。作罷就像是說：「我放棄了。」而投降則是：「好吧！我接受我的宿命，對上天給的人生讓步。」

我遇到的麻煩在於，所有的事都和如何學習與慢性疼痛相處脫不了關係。很長一段時間，我想我甚至不知道自己正在痛苦。我藉由變得堅強、做自己的主宰，以及盡力讓別人的生命更美好，而去抗拒心裡的失望。這種想法的問題是，我沒有眞的在過我自己的人生。我躲在別人的身後，活在自己人生的外圍。

我不是沒有把我的問題告訴朋友、家人、客戶、治療師和我自己。我只是一直在找法子徹底根治，希望自己再也不會痛苦。我想我因爲走錯了路而懷抱著錯誤的期望。我有一個針對客戶發問的問題，只要向客戶提出這個問題，就能讓他們立刻專注在手邊的事物。這個問題是：在我們的課堂結束以後，什麼樣才叫做成功？

對以前的我來說，成功是什麼樣子呢？就是沒有痛苦。但本週，當我因爲一個怪異的喉炎而臥床不起時，卻發生了一件事。我的身體多年來可說是支離破碎，因爲我的韌帶失去了繫住關節的功能，它們瓦解移位，迫使組織收縮以繫住關節。不過，我很少生病。但這個星期，我因爲一直好不了的感冒而倒下來。感冒使我的背部變得像水泥，身體有如鉛般沉重，我突然間下了個結論，即我對過去到現在的治療有完全錯誤的想法。多年來，我一直把治療當作一場鬥爭，一個請求，要說是與我的身體對抗也沒有錯。我不斷接受按摩、電療、針灸、抗炎藥、熱敷、冰敷、整脊、關節回復術、打針、手術和物理治療，而這些都只爲了消除節瘤和僵硬。

在我與自己的對話中，我納悶，爲何我生來足踝就是塌塌的，無法支撐我的軀體？我是否爲了學會如何向別人求助所以天生軟弱？我天生軟弱是爲了讓我變得堅強嗎？是否我生就一副會倒下來的身體，因此才能瞭解要有突破必先經歷挫折？

看來，我人生早期的「工作」，實際上就是漠視疼痛，然後踩著舞步邁向堅強。我三歲的時候，爲了加強我的足踝，醫生送我去舞蹈學校上課。六歲時我開始騎著一匹六十幾吋高、名叫主將的馬，一起做高達四呎的跳躍。七歲時我去滑水，高中時做體操，十八歲時則去健行和攀岩。我接受身體的挑戰，沒有意識到一個顯然（我後來才知道）準備要垮下來、韌帶過度延展而無法固定關節的身體界限。我只是用繃帶包紮，呑下止痛藥，把我受損的軟骨和韌帶「冰封」，然後繼續前進。我的身體當時想告訴我的究竟是什麼呢？

原本以爲生來就很有彈性是個優勢，卻在我進入中年時變成彈性過度，無法支撐身體而變成一種限制。這時我才**明白**。我一輩子一直試著讓自己的生活過得很完美，這就是爲何我的身體會垮下來——爲的是幫助我瞭解，生命和完美無關，生命和失望、限制、解決不了的事，以及不完美的膝蓋、足踝、背部和關節有關。生活和彈性無關，我們不需要罔顧自己的需求而符合每個人對我們的期望。生活是關於接納我們自己（以及其他人），而非自己與生活對抗。

於是，站在進入所謂中年期的門檻上，我決定從事一項研究計畫。我要問的問題是：**何謂**治療？

我想我們很多人都把治療和**痊癒**搞混了。若說治療和認命有關會怎麼樣？若說這與接受你生下來的樣子有關怎麼樣？若說這和原諒自己天生的限制或後天才演變出來的障礙有關呢？若說治療是原諒造成這些障礙的人呢？*

或許，治療也和永遠不瞭解爲何人生中就是要有某種的疼痛，但還是能從它們

* 作家卡洛琳．梅斯（Carolyn Myss）在《為何他們無法療傷…以及如何才能療傷》（*Why People Don't Heal and How they can*）的書與錄音帶系列中，提供關於這些問題有用的見解。我發現錄音帶極為有用，也和客戶與朋友分享。

身上學習有關。治療也和一項體悟有關：有人比我們還要痛苦，我們的痛苦也並非眞的痛苦。這是種與生命同在的痛苦，並使我們和其他也活在痛楚之中的人能相互瞭解。

許多人，不論年齡大小和有無信仰，都活在治療和受傷的交界點。他們活在希望與無望的邊緣。因此，就算我自認是個從崩潰到突破的治療專家，我還是決定重新開始，並問這個問題：**何謂**治療？既然有這麼多人站在中年和老年的門檻上，我覺得這是我們應該要問的問題。或許我們能有更多的人利用疼痛作爲指南，引導我們航行於環繞著我們的生命之河。

以下是一些方法，教你如何安慰某個有慢性疾病的人：

- 請不要一開口就問候我們身體好不好。我們不想老被當作一個有病痛的人。如果我們有需要跟你說說我們的感覺，我們自己會提到的。
- 如果你發現了和我們病痛有關的新資訊，請不要因為我們沒有馬上跟進，或沒有立刻接受你的建議，就有被冒犯的感覺。在試過多種方法後，我們可能（暫時）用盡力氣，無法再嘗試新的東西。一直懷抱著太高的期望讓我們覺得很疲倦。可是，過了幾天或幾個月後，你的資訊可能正是我們所需要的。

・即使我們再也無法和你一起進行一些活動，我們也許還是能享受和你在一起的時光：如果我們不能滑雪，我們可以在火爐旁看書；如果我們不能玩水，我們可以在雙皮舟裡一起隨波逐浪；如果我們不能跳舞，我們還是很高興聽舞曲飄揚！

・請你瞭解，雖然我們的病症可能無法好轉，但要是我們盡量做自己能做的事，而不是老在想那些自己不能做的事，就能對我們有幫助。

那我呢？

❖ ❖ ❖

→對照顧者的支持←

大部分的時間我們都會把注意力放在生病的人身上，也會努力給予他們慰藉，不過，以下一對情侶如何面對健康危機的故事，提醒了我們故事背後還有另外一章。

當魏利斯意外被診斷出前列腺癌時，他受到來自於他的女友瑪莉安、他的小孩、醫生和朋友等許多人的關注。他有很多事要好好思考一番，例如：採取哪種療法、該拿戀情怎麼辦，以及生活的品質將會有何種改變。

有些日子裡，他很悲傷；另外一些日子裡，他很憤怒；還有些日子他狼吞虎嚥地閱讀所有資訊。爲了下決定，爲了資訊超載，爲了必須是最終做出選擇的人，他苦苦掙扎著。

至於瑪莉安則用了很長的時間陪伴著他，並向醫生、專家和治療師諮詢，學習如何與前列腺癌搏鬥，並與之共處。他們必須面對陽萎、大小便失禁、做愛、自尊心、手術後的併發症，以及在放射性同位素治療後，癌症若是復發又會發生什麼情形等種種問題。

從幾個小時到幾天，再到幾週，瑪莉安與所愛的男人一起哭，一起笑。她用自己想像不到的方式陪伴著他。然後有一天，她寫了封短信給一個朋友，信中提到，她忽然發現自己也非常悲傷。她覺得自己在失去什麼——他們共享了三年的生活方式。突然間，一切都不同了。雖然她覺得當個關愛、忠實、隨時支持自己男人的情人兼朋友是很重要的，但這些事卻讓她感到寂寞。她能找誰訴說：「那我呢？」

瑪莉安需要一個不會批判她的地方，容許她爲自己未來的生活品質以及還能陪伴魏利斯多久而擔心。這並不代表她不夠愛他，但她不知如何和朋友或家人分享這種心情，才不會聽起來很自私。畢竟，他的生命受到威脅，而對她來說，更是她的心、她的靈魂伴侶受到威脅。

關心一個陷入困境之人的配偶、家人和朋友也是很重要的。他們需要有人問候，一個他們能向對方抱怨、一起擔心，且不會因此覺得自己不夠體貼不夠關愛的人。他們可以向這個人訴說：「我一生中從未如此害怕。」而這個人也不會爲了讓他們安心而說這樣的話：「喔！你很堅強的，我知道你處理得了的。」最後，他們需要有個人不會批判他們，讓他們能安心地說出那個簡單的問題：「那我呢？」

如果你認識的某個人正在照顧他所愛的人，你可以考慮給他一張寫有「撐著點」的卡片，伴隨著一個禮物，也就是問他要不要你幫忙做一些家庭雜務，或帶他離開被照顧者，好讓他休息一下。當你打電話過去時，不要馬上就問病人的情況，先停頓一分鐘，說說這個情形對照顧者所造成的影響。

你可以溫和地說：「我也很關心你。你有受到應有的關懷嗎？」你如果提議一起思考或研究外面是否有可供利用的輔助團體或專業協助，那麼一個感覺自己已經快不行的照顧者會很感謝你的。如果你覺得合宜，或有足夠能力，或願意學習的話，你可以幫忙接手照顧病人，讓你的朋友可以離開一下子——幾個小時，一天或甚至一個週末。你也無須遲疑提議幫對方做一些俗務，像是購買雜貨、接小孩，或跑腿辦事。

照顧者有時會想要有人陪伴，使自己不要那麼孤獨。或者他們會想要你幫忙做些他們以往與所愛的人一起做，但現在無法獨力完成的事。舉例來說，玫琳凱在發現她先生得了阿茲海默症後，曾想和他一起裝飾聖誕樹，結果卻導致兩人極為沮喪。她一度想要完全放棄這件事，直到她把這個經驗告訴了朋友凱莉。凱莉不住在附近，但她想要幫忙。她思考了幾分鐘，然後問玫琳凱：「你何不邀請一群人去你家幫忙裝飾聖誕樹？他們可以和你先生一起做不同的活動，這也許是不會讓他沮喪，但還是能參與其中的方式。」

「我自己根本不會想到這麼棒的解決方法，我還以爲我必須自己來解決這個問題，」玫琳凱解釋說。有些日子，照顧者需要你的陪伴；有些日子，照顧者需要離開一下——不是爲了辦事或看場電影，也不是要拜訪其他人，而是要與自己的思緒獨處。給予他們喘息的空間當然很好，但若是他們無須擔心你是否在想他們會怎麼利用這段時間，那將是個更有意義的禮物。

第二種視力

❖ ❖ ❖

→當失能變成一種能力←

「我有一些壞消息要告訴你，」聖提娜說，開門見山地道出她打電話來的原因。「不曉得是什麼原因，我右眼的視力越來越差——所有的東西都變得很模糊。醫生做了一些檢查，但到目前爲止，還無法找到原因和治療方法。我無法相信這種事會發生在我身上。我沒有辦法接受。我先生說我應該停止慌張，停止想像最壞的情形。可是我就是無法停止思考『如果發生什麼情況會怎麼樣』，我猜我就是不該想這些。」

我先是愣了一下，不知道是否該說我無法想像碰到這種事的感覺，或是應該再聽她多說一點，以便瞭解她需要的是什麼。聖提娜和我談到她看過的醫生，以及他們的診斷。然後，我問她，她打電話來是需要從我這裡得到什麼。「我需要談如果發生了什麼會怎麼樣，」她說，「而且，**不要**拐彎抹角。」

「就這麼辦！」我說，「最糟的情形會是怎樣？」我問她：「你會永久失明嗎？」

「喔！不是的，」她說，「我還沒有容許自己想到那麼遠。我猜最壞的應該是失去一眼的視力。」

「好，」我繼續，「要是發生這種情形，那最糟的又是怎樣？」

「這個嘛，」她停了一下，「我想我還是可以閱讀和開車，因爲我確實還有一隻好眼睛。我大概會有兩種視野。事實上，想到這個，我前天做了個實驗，用手遮住我那隻正常的眼睛，看看我模糊的那隻眼睛能看到什麼。你知道怎麼樣嗎？我看到的東西好像都沒有邊緣。」

「所以，讓我看看我是否眞的瞭解，」我說，複述我認爲她說出來的話**和**其中的涵義，「你在害怕自己可能會失去視力。聽起來你對失去視力會變成什麼樣感到很緊張。你可以看到一個沒有邊緣的世界，好比東西變柔和了？」

「是的，沒錯，」她打斷我的話，「我在想，若是我能幫別人用我的方式看事情——柔和且失焦——那會怎麼樣？也許他們也可以用新的方法看事物。這樣會怎麼樣？」

聖提娜和我才剛費了點時間重新架構她的問題，讓她能從另一個角度看事情。就像有句諺語說的：「一扇門關上了，會有另一扇窗子打開。」只是有的時候，你需要別人幫忙才能找到那扇窗。

在聽聖提娜說了一會兒後，我覺得我應該可以問她，是否能跟她說我學到的經驗，那是幾年前我腦震盪後，失去嗅覺和味覺時所學到的東西。她表示願意聽聽看，於是我告訴她，那時許多人對我說：「喔！那一定糟透了。」要不然他們會問：「你不想念巧克力嗎？」他們無法理解「失去」這些能力卻帶給我意想不到的優勢。雖然我無法品嚐味道，但我忽然注意到質地和鮮度。儘管聞不到香味，我很高興自己聞不到煙味、體臭和臭鼬。我失去判斷力了嗎？是的，這甚至是件很危險的事。我想念巧克力嗎？那還用說。我其他的感覺增強了嗎？完全正確！有時還給了我別人所缺乏的優勢。我活在一種「失去又發現」的境界。另外，我告訴聖提娜，每隔一陣子，在某個人又對我說：「那一定糟透了。」我會溫和地讓那個人知道，失去一種能力不見得就是無能，它也有它的優勢。

我們沒有人會選擇失去視力。對我的朋友聖提娜來說，這尤其是毀滅性的，至少這是她一開始時的想法，因爲她是個藝術家，一個天賦異稟的水彩畫家。不過，在這次的談話之後，我們認爲，或許她失去的是過去所習慣的視野，但也許她將發現另一種風景。

電影《眞情難捨》（*At First Sight*）也以美麗的方式呈現這個體悟，即失去一種能力，你可能得到別種能力。這部電影是以奧立佛・薩克斯（Oliver Sacks）醫生的著作改編而成。它是眞人眞事，描述席爾・傑尼斯在三歲時失明，後來又因爲接受了實驗性的手術而短暫恢復視力的故事。手術的效果是暫時性的，席爾很快就又看不見東西了。然而，他在醫學教授的大會上解釋說，萬事萬物比其表像還要豐富——這是一個我們應該記住的概念，尤其是當我們關心的人可能即將失去一種能力，而我們無法想像他要怎麼活下去。傑尼斯說：「我失明的時候看得更清楚。因爲我並不認爲我們是用雙眼看事物。當我們不去看自己、別人還有人生的眞實面向時，我們就是活在黑暗之中。沒有任何一個手術可以做到那樣。當你看到自己的眞實面，你就看到了很多不需要雙眼也能看到的東西。」這部電影指出很重要的一點：人們不見得想要被調整至所謂的正常。有時他們需要的，是接受自己本來的面貌。*

當你和某個正在沮喪或困惑的人說話時，你可以試著溫和地把你到目前爲止所

* 電影《真情難捨》改編自奧立佛・薩克斯醫生在《火星上的人類學家》（*An Anthropologist on Mars*）書中所描述的臨床案例「見或不見」（To See or Not See），由羅布・科萬（Rob Coean）所製作，爾文・溫克勒（Irwin Winkler）導演，並由米高梅於1999年1月發行。

聽到的內容換個方式再說一遍。接著，你可以停頓一下，再說：「我可以聽得出來你很沮喪，我很想現在就幫助你，但我不確定你需要我做什麼。」吸一口氣或兩口，再繼續解釋說：「我需要知道你希望我怎麼聽你說話。你覺得你需要發洩一下嗎？你要我提供對策嗎？你需要的是我的建議還是只想說說話？」記得確保你話裡的精神能量不是魯莽的，也不會一副要搞清楚是怎麼回事的樣子。你要對方瞭解，你之所以會暫停，是爲了連接上最有助益的波長。

樹枝斷裂時

—當你看不到他們的痛苦—

「只不過是手臂骨折，」羅貝塔說，「但事情都變得不一樣了。」

她在家中穿絲襪時滑倒，結果讓她結結實實地休了個假。在情人節的派對上，羅貝塔把腳搭在絨布墊子上坐著和陌生人說話，看來相當疲倦。她心情還不錯，只是很累。她幾乎無力地舉著那隻裹著石膏、用粗的吊腕帶繫著、緊偎胸部的手臂。現在，她正試著用左手吃東西。她沒有因爲這點傷勢就大驚小怪。「畢竟只是手臂骨折而已，又不是心碎了，」她解釋道。

造成羅貝塔痛苦的不只是手臂的骨折，但我們第一眼看到她時又怎麼會曉得？不管我們和某個人很熟或只是第一次見面，我們很少知道對方在發生事故後內心有些什麼變化。面對一位發生意外的人，我們該把能量調降到低檔，然後心無旁騖地聆聽別人想要傾吐些什麼。

原來，羅貝塔的維生之計是修補別人破碎的心和生活。不騙你。這是她日復一日，年復一年所做的事。人們付錢給她，請她聆聽他們的失落、希望、悲傷、恐懼和痛苦的故事。有的病人把痛苦深埋在心裡，直到再也藏不住爲止。而羅貝塔就是他們要打電話找的人，可以和她談談他們的憂慮，因爲她是他們的治療師。

情人節前夕，她坐著和一位陌生人禮貌地談起她的工作。然後她抬起頭來，並坦承她心情不太好。這不是桑格里酒的作用，和傷口的疼痛也沒有關係。是她被整起事故驚嚇到了。平常幫別人整頓人生的她，身爲治療者的她，竟然感覺自己很虛弱，這個事實令她震驚。這和抽痛的手臂或倦怠感沒有關係，而是對事故的震驚，意外地釋放出她忘了自己也曾有過的感覺——覺得自己是孤單地活在世上，受傷了，又是自己一個人。大部分的時候都是她在照顧別人，但輪到自己需要被照顧時卻只有自己可以依靠。

她發現，她對自己生活的方式感到痛苦，但對這種痛苦又已經麻木。她平常並不會容許這些痛苦穿越自己在潛意識裡所打造的藩籬，直到現在她再也無法壓抑，直到她遇到一位陌生人，這位女士心裡沒別的事，只是專心地，慈悲地聽她訴說。

「好玩的是，」羅貝塔說，「我從沒有這麼散亂，這麼不專業，但我的朋友和案主卻說我好像比以前更能幫他們的忙，而且更容易對我說話。」

「更人性，就像我們其他人一樣，也是個有問題的人類，」那位陌生人補充說，「我曾有過這種感覺，在那段期間，我的生活越是凌亂，人們對我越覺得親近。這和你說的是一樣的意思嗎？」

「是的，確實如此，很高興知道我不是唯一一個有這種感受的人，」羅貝塔軟弱地一笑。

我們有朝一日終會瞭解，朋友一直等著要對我們付出，或等著看我們是否像他們一樣也是個人，不是永遠那麼完美無瑕。好像我們內在的什麼，必須被打破或磨損，我們才能讓別人進入自己的生命，同時也讓我們自己進入，因爲我們是一個被關在我們小心建構的生活之外的人。

那天晚上，這位精神治療醫師發現，她讓自己活得井然有序已經很久了，而在一個偶然的片刻，她的生活又變得七零八落。她逐漸領悟，她終究必須要開口求助，請別人幫忙整頓她的生活。*

當人們發生事故時，在表象之下，可能有很多他們和你都沒有意識到的東西。

* 理查・卡爾森（Richard Carlson）的著作《別為小事抓狂》（*Don't Sweat the Small Stuff…and It's All Small Stuff*）是本很有用的指引，幫助我們扛起自己的重擔，並幫助其他已經達到極限的人。

即使事故不是很嚴重，仍可喚起以往所獲得的（或沒有得到的）溫柔關愛。如果他們對向人求助感到不安，和他們談談你瞭解他們對獨立的愛好，或可減輕他們的不安。然後你可以試著幫他們做些你很順手、而他們也比較容易接受的事。如果你自己也很不習慣讓別人幫你的忙，當開口要求幫忙時你可以想像，假如角色對調的話，你願意爲那人做些什麼，例如歸還圖書館的書、租一部片子、替植物澆水、開車赴約，或幫你解決晚餐的問題。你要做的，不過是踏出這麼一小步。

千鈞一髮

熊

我弟弟第十二次參加高中同學會時，差點就無法活著回來。他的故事幫我們省思該如何幫助一個剛剛差點發生事故的人。雖然他們可能想不落痕跡地就從事故脫身，但我們發現，即使只是一剎那，也可能從此改變他們以及我們的人生。

我弟打電話來告訴我他已經回來的時候，我問他：「同學會的情形如何？」「很好，很好，」他說，然後很快地改變話題，聊起他在藍脊山獨自健行的那幾天，幾乎絕口不提同學會的事。

他滔滔不決地談他在森林裡行走的事，這令我感到疑心，畢竟，這趟旅行的主要目的是參加高中同學會，而不是在山裡健行。不過，我弟已經教會我不要像個愛追根究柢的老姊一樣逼問他，就讓他談他想談的東西。所以，他繼續說著健行的事，但最後還是提起熊來。

「熊？」我問，「呃，那是藍脊山沒錯，」我試著用滿不在乎的態度說話。當我們還小的時候，在山上郊遊常可看到熊在藍脊山公園道阻礙交通。

「發生什麼了嗎？」我問，「你還好嗎？」然後他停了下來，不確定要跟我說到多少，因爲大姊在聽到家中「小」弟發生事情時，態度常常會變得很強硬。以下是他的故事：

我沿著山脊走了三哩的路後，準備吃午餐。我決定坐在一個平坦突出的岩石上看風景。可是在我打開食物前，我想在這個位置拍張照片。由於那裡只有我一個人，所以我設定了自拍器。我把相機放在一棵老樹殘幹上，並按下定時鈕。接著我背對著相機走到岩石突出的部位，一邊放下我的背包。拍完後，我轉過身來，朝相機走去，準備關掉定時器。就在這個時候，我看到一隻熊。牠真的是一隻大黑熊，將近有三百磅重。

牠慢慢地走向我所在的位置，擋住我走到小徑上的路。我僵在那裡大概四十秒，但感覺像是有十分鐘那麼漫長。我無法思考。時間好似靜止了。對那隻熊來說，我看起來很平靜，但我可不認為我的內心是平靜的。我可以聽到自己的心跳，周圍則是一片死寂。我不斷告訴自己，不要驚慌，看著牠的眼睛，靜止不動。然後，牠朝我走來，我除了相機以外，沒有別的東西可以保護自己。

牠離我大概有二十呎遠，依舊擋住我逃往小徑上的路。於是我想，管牠的，我要往前走幾步路。接著，我慢慢拿起相機拍張照片，因為沒有人會相信這一切的。當我拾起相機時，那隻熊用後腿立直身軀，並嗅了嗅空氣。我拍下一張照片，然後在牠放下前腳回去吃野莓時，又拍了一張。

「看來你運氣很好，」我說。

但這個故事還沒有結束。我弟逃離的唯一方法是先離開岩石的突出部位，然後跑回到小徑上。要做到這一點，他必須走到離那隻大啖野莓的熊只有十五呎左右的距離，再走上山坡，然後遠離那個區域。他好陣子一直回頭看那隻熊有沒有跟上來。他決定撿起一塊石頭和一枝可以當拐杖用的樹枝，以防萬一。

他不曉得的是，那隻熊其實跟著他沿著小徑走上了山坡，他只是還沒看到牠而已。他轉過身，忽然看到熊在他身後小跑上山坡。接著，牠開始快跑起來，我弟覺得自己陷入了陷阱裡面。他就這麼一個人，沒有人知道他在哪裡。他只是像二十幾歲時常做的那樣，在山中健行，遠離塵囂思考人生。無須和同伴喋喋不休，那裡只有他一個人、空氣、風景……**還有熊**。

突然，那隻熊用後腿站立，嗅聞著空氣，然後衝向山坡上，在離我弟大約只有十呎遠的時候，以爪向地上猛擊。我弟左手高舉樹枝，右手握著石頭，半蹲著，向熊表示出防衛的姿勢，但那隻猛獸並沒有因此退縮。不知何故，在短暫地以目光壓倒對方後，那隻熊大概認爲牠已經說服了我弟，它才是這片野莓的主人，接著就高視闊步地走開，找更多的野莓去了。

危機解除之後，我弟告訴我，他發現這是他記憶中最接近死亡的一次。他有次曾身處時速一百八十英哩的恐怖暴風之中。他也曾發生過車禍。兩起事故都沒能奪走他的性命。可是這一次的事件是一步步發生，速度慢到他可以思考要採取什麼動作，也因此完全意識到當時的狀況。

「那你現在還好嗎？」我問，一邊想到他其實已經回來好幾天了。或許他需要一點時間來適應已經過去的事。

「這樣說吧，」他解釋說，「我下山後對人變得比較好。我用時間欣賞一些小事情。通常令我很煩的事不再那麼困擾我了。許多從前看來是大問題的，現在都變成可以掌握的小事。在經歷過一隻發動攻勢的熊以後，現在這些對我來說都是小事一樁。」

走過生死存亡的關頭後，每個人的反應都是不同的——不管是差點發生的車禍、差點被炸彈炸到、差點搭上死亡班機、差點遭人行兇搶劫或犯罪、差點從梯子高處跌下來，或面臨被診斷出重大疾病的可能性。有些人對這種經驗採用否定的態度，直接回到工作崗位，繼續過著尋常的日子。但有些人的經驗立刻改變了他們對人生的看法。讓他們談談人生變得如何不同，會對他們有幫助的。就算他們與死亡擦身而過並沒有讓他們受傷，但在我們看不到的地方，可能有些感覺不一樣了。對他們來說，這可能是個警訊，他們會因此而大幅改變自己的優先順序。他們不希望我們看輕這起千鈞一髮的事件，也不要我們談自己的類似經驗。他們**真正**要的，是我們的瞭解，那就是即使過了幾週、幾個月，甚至幾年，他們可能依舊把這個事件看作凍結在時間內的一件事，並想知道它為何會發生在自己身上。

在事發後兩週，我們從一位漁業人士戈登那裡得到一個嶄新的見解。戈登說：「告訴你弟，他眞的很幸運。不，我說的幸運不是他沒有被殺或致殘。他的幸運在於我們很少有人能在一隻野生動物的地盤上單獨面對這隻動物。這是罕見且值得被珍視的寶貴經驗。」我弟跟我說，就是這麼一個評論，讓他得以用新的方式看待他的遭遇。

在我弟差點喪命後的幾個星期，我想到瑞士航空班機在新斯科細亞海域墜機後，那些才剛失去摯愛的家庭。我想到要是有人打電話來告知我弟意外死亡的話，家人們會怎麼樣。墜機、高速公路上的千鈞一髮、健行時碰上野獸——在在提醒了我們，我們永遠也不會曉得，深愛的人會如何離我們而去。我發現，當我們聽到認識的人差點死亡時，我們需要花點時間整理自己的感受。在我們釐清自己的情緒狀態以前，我們可能無法給予對方多少安慰，因爲，我們自己也受到了驚嚇。

事故發生後

↓無法消除的恐懼↑

「你只是驚嚇過度，」當我宣布要取消雙方都期待數月之久的拜訪後，我的朋友這麼對我說。我難以置信自己還在緊張。我暗自思索，過了這些年，朋友會以為我沒事了，事實上，大多數人都認為，時間久了，我們就不會再把某件不好的事放在心上。但我的經驗提醒我們，對某些人來說，恐懼並不會隨著時間減少。以下是我的故事：

今天地上結了冰而且積雪，令我想起有個晚上，我的車子在一片黑暗的冰地上打滑，然後被一台卡車撞毀的事。這件事發生在四年前。那不是對方駕駛的錯，但也不是我的錯。只是大自然的瘋狂。誰會曉得在那個乾燥的、有光的夜晚，會有一小片地結了冰？車毀了，而我則頸部扭傷，一輩子都不會好。但我並不害怕，那時並不。我回去後馬上就再度回到駕駛座上開車，而且沒有多想什麼。意外總是會發生的。

直到快要一年後，當另一輛車迎面撞上來，我的朋友才叫我停下腳步，檢視自己的生活。我又一次扭傷頸部，但我那時還認為沒什麼大不了，直接就從事故現場跑去客戶那邊工作。但我的朋友開始問我：「什麼才能讓你從否定狀態中振作起來，看看你的人生和不幸福的婚姻，走出你的大腦和訴諸理性的麻木，醒過來感受這一切？」

這可能是我人生中第一次真正曉得什麼叫做恐懼。我對此感到很陌生。我以前之所以不曾恐懼，大概是因為不管發生什麼事，我總是立刻展開行動，處理事情、客戶和其他人。我沒有時間去感覺。所以也沒有**恐懼**。

今日，我回顧過往，我想事故是為了讓我變得和大家像一點才會發生的。恐懼是正常的事。**沒有恐懼**才是不正常的。不過，我認為我們從小就被教育說：「不要害怕。」因此我們都懷著這個想法長大：我會變得很堅強，不屈不撓，這些不過是小事一樁。

事故會引發出許多問題。不過，我們這些曾發生事故的人會警告你，避免開頭就問：「是你開車的嗎？」這裡面暗藏著另一個問題：「是你的錯嗎？」你仔細想想，如果有人承認是他開的車，或那是他的錯，你會怎麼說？在回答這個問題的時候，對雙方而言可能都是唐突的一刻。我們也常被人問到：「你有沒有受傷？」難道我們沒有受到外傷，害怕和痛苦就會比較少嗎？要幫助別人，你可以對他說：「你現在覺得怎麼樣？」或是，「我開車載你好嗎？」還有，「你想談談嗎？如果不想也沒關係。」

對發生車禍的人，你可以變成有用的資源，方法包括以下幾種：

- 如果有需要修車，推薦他們一位好技師。
- 主動說要陪他們取回損毀車子裡的東西。他們可能不認為自己需要別人的陪伴，但獨自面對這件事的人可以發誓，對於再次看到事故的慘狀，我們其實沒有心理準備。當你站在那裡和陌生人一起看著你的車，而你想知道自己如何或甚至為何還能活下來時，情緒會意外地湧上心頭。
- 當他們去租車或購買另一台車時，問他們是否需要你的陪伴。有人陪著一起評估不同的選擇或幫忙議價是很有幫助的，因為他們可能無法做出決定。

・在他們不想開車或不能開車的時候，主動提出要幫忙接送小孩或跑腿辦事。

我和鄰居談到我覺得自己很愚蠢，因為在對其他人來說路況很好的一天，我居然對開車感到很緊張。我想適應自己的老化，想得到多一點的智慧，也想不要像過去一樣逼迫自己。

我的鄰居手指著天空，談起她自己遭遇面對面撞擊且差點死亡的車禍經驗。她說：「你聽我說，當你逐漸年長，你會比你二十或三十幾歲時少那麼一點安全感。你在二十幾歲時根本沒有安全上的顧慮，那時你是天下無敵的。」

「幾年前，我完全不會擔心開車的事，」我說。

「正是如此，」鄰居得意地咯咯笑，「你那個時候才不會去想這種事，但現在你會。這樣很好啊！長大和表達自己的感受是沒有錯的。」

我的鄰居帶給我她的體悟，那就是艱苦歲月的記憶將不會被遺忘。這些時光雖然已成往事，但還是深深留在我們的記憶之中。我的鄰居很愉快地，但也很慈悲地點出我的自我意識，讓我比較能接受自己對事情還會再度發生的掛慮。

求助的吶喊

——如何面對自殺未遂事件——

電話留言機上的訊息很隱密，對方只說：「我需要有人教我該說什麼。請回我電話。」

當我打電話給這位老友時，她的聲音聽起來很堅毅。「我要怎麼跟我姪兒說？」她問，「他前兩天晚上企圖自殺。」

我深吸了口氣，然後告訴她，我不是這方面的專家。「我知道，」她說，「我已經打進薩馬利亞人專線，和他們談過，但我還是想和你談一下。」

我的朋友做了專業人士會建議她做的事：自己尋求幫助，以增進對自殺這件事的瞭解，並獲知外面有些什麼資源可供你和你想幫助的人利用*。以我朋友的例子來說，自殺專線那頭的輔導員幫助她瞭解，如何在聆聽她姪兒說話的時候態度更加寬容，且反應不要那麼激烈。

她寫了一封信，準備寄給她這位還是青少年的姪兒。她發現，他面對的問題中，部分是遭到了別人的欺凌。她告訴我，她的姪兒目前在一家特殊的青年機構，與家人一同接受自殺未遂的專業輔導。但她還是想得到別人的幫助，以瞭解如何向他表達她的關心。

我讀了她寫的草稿，其中大部分的內容都很棒，流露出她的關心和愛，以及她爲姪兒發生的事所感受到的悲傷。然而，她也強調，如果他眞的死了，她和她的女兒會有多麼想念他。我察覺到她雖然沒有這個用意，卻可能導致她的姪兒感到愧疚，因爲他的行爲傷害了別人。於是我停頓下來，小心地問她一些問題，讓她自己看出這一點。

我告訴我的朋友，我讀完了這封信。接著，我再深呼吸一口，問她現在的感覺如何。以我看來，她現在很生氣。她發現自己眞的是在生氣。不是氣她的姪兒，而

* 我無意針對如何輔導一個想自殺的人或最近才自殺未遂的人提供專業的意見。這個故事是個例子，告訴你要對你可能無法想像的感受敏感一點。我不是專業的自殺預防輔導員，但我知道，我們都具有對自己所關心的人付出慰藉和瞭解的潛力，這都是基於我們聆聽對方訴說的能力，也就是試著瞭解他們的能力。如果你對如何陪伴一個處於這種情形的人有任何疑惑，請立刻打開電話簿，致電專家或自殺救命專線，或社區心理健康中心。在你插手干預前，確保有自殺念頭的人能獲得自殺預防和康復方面專業人士的關照。

是對他人生中一些促使他尋死的情形感到很憤怒。我說：「在你試著和他建立連結以前，你要先搞清楚自己的感受。你發現自己很憤怒，這可能不只是為了他的緣故，還有那些發生在你生活中讓你感到無望的事，儘管你沒有想要以死一了百了。」

「對，」她說，「可能眞的是這樣。」

然後我跟她說，我們和某個自殺未遂的人（或有這個念頭的人）說話的第一個反應，常常是告訴他們你會有多麼想念他們，或是他們必須爲了什麼而活下去。就我所知，當你開始興起自殺的念頭或是自殺未遂後沒有多久，你其實並沒有準備好要聽別人說有什麼是你值得活下去的原因。你不會相信的，自然也聽不進去。然後，當別人開始跟你說，他們會有多想你時，你不是感到愧疚就是會自我防衛。你會在心裡想著：「那是你的問題，這可是我的人生。我又不是生來讓你日子好過的。」*

想要自殺的人可能是因爲在某個情形下，不知何故就是無法在黑暗的盡頭看到一盞明燈。這對你或其他人可能毫無道理可言。我們知道他們的人生是有目的的，

* 有很多資源可以增進我們對人們尋死動機的瞭解，這些資源包括喬治．豪．科特（George Howe Colt）所寫的書《自殺之謎》（*The Enigma of Suicide*）和俄爾．葛羅曼（Earl Grollman）的著作《自殺的防範、攔截與事後輔導》（*Suicide Prevention, Intervention, Postvention*）。

有很多活下去的理由，而且他們是被愛著的。因此情況會變成這樣：理智上，他們可能會同意我們的想法，但不認爲這有什麼重要。他們感到麻木，了無生氣，而且緊緊鎖住內心，我們的話很難跨越這些阻礙進入他們心中。

自殺防範中心教導義工的概念之一，和綁架人質的情況相同，就是要想辦法建立連結。試著讓這些人安下心來，建立信賴感，然後進入他們的思考，提供非批判性的聆聽，讓他們知道你瞭解。就把自己當作一個他們可以對你傾訴他們有多麼無望，而人生又是多麼無情的對象。讓他們知道，在他們掙扎著走到另一頭時，你會陪著他們。你必須調整你的反應，否則你無法瞭解，對某些人來說，自殺並不是因爲沒有人可以依靠或求助無門，而是因爲他們覺得你或是他們最好的朋友、配偶、愛人或小孩，沒有一個可以幫助他們，他們的人生已不再有活下去的意義。

在我和朋友就要結束通話時，我告訴她：「想想你姪兒現在聽得進去的東西。不要立刻把所有你想說的話通通說給他聽。想想哪件事是他現在願意去相信的。這可能是幫助他尊重自己，並且想活久一點的第一步。不要讓他有罪惡感，甚至不要提到你會有多麼思念他。還不是說這話的時候。晚一點再告訴他。」

以下是她修改後，寄給她姪兒的信的部分內容：

親愛的：

我但願自己現在能聽到你的思緒。

我但願自己知道你在想什麼，以及你的感受。我希望你有人可以說話，這個人不會批判你，不管你說什麼都會繼續聽下去。我但願自己是那個人。

我知道你前天割腕的事。我從沒有叫你做什麼或不要做什麼，現在也沒有這個打算。但我不得不納悶，在你的處境中，這樣一個永久的「解決方案」是否真是僅有的選擇。我希望時間會讓你的人生，以及我們的文化有所改變。

你知道的，對於我們文化中的欺壓性質我也感到深惡痛決。但，我知道如你我一般的人，有機會停止忍受別人的欺侮，停止忍受一個壓迫的文化。我不知道要做什麼，但我知道我需要和你一樣的人來共同努力。

你一直都是我女兒們的好表哥。她們沒有兄弟。我希望你會選擇繼續活下去。即使這是你每天都要面臨一次的選擇，我希望你能選擇活下去。如果你又有輕生的念頭，我希望你打電話給我，和我談一談。我保證會聽你說話。如果你想知道除了那個顯而易見的選擇之外還有什麼選擇，問我。我很會突破框架思考。而且，往外看永遠比往裡面看要來得容易。如果你問我，我一定會做出回應。我不會強迫你。我不知道你想要什麼或需要什麼。但我想要你知道，你隨時可以依靠我。

我的朋友把她姪兒的自殺未遂視爲求助的吶喊，而非尋死的決心。今天，他正得到他要求的幫助。假使他的姑姑推測他的行爲是受到輕生念頭的驅使，而非求助的動作，她將更難以提供姪兒所需要的、不帶批判的聆聽。

省思

↓如何陪伴一個痛苦的人↑

看到別人痛苦時，我們應該如何自處？

陪伴一個正在痛苦的人，是我們對人所能付出最好的事物之一。既然我們大家都曾痛苦過，當然都曉得痛苦的種類很多。有的是身體上的痛楚，有的是情感上的苦楚，還有的是對未知的恐懼，以及對痛苦永遠不會止息的疑懼。有的人會麻木，而這種深切斷絕感又會引發另外的痛苦。然後，當我們擔心自己的痛苦會造成別人的痛苦時，我們又會更加地苦惱。

到底我們能做什麼以陪伴一個正在難過的人？呼吸。沒錯，繼續呼吸。想像助產士、配偶、朋友和護士陪著一個正在分娩的婦女——許多人說產痛是最痛的肉體疼痛之一——這些協助者在做什麼呢？和這位即將為人母的女子一起呼吸，度過一陣又一陣的痛苦。可是，當你和某個受了傷的人在一起，你很容易就會做出剛好相反的事。不管他們是身體上或情感上的痛苦，我們在不知不覺中會屏住自己的呼吸，肌肉緊繃，試著不讓自己崩潰，並控制住自己的情緒。而這可能也是你想要安慰的人正在做的——試著不要顯露出他的痛苦。

當我們屏住呼吸，就會失去感受的能力。我們吸入的氧氣越少，細胞更新和血液流通所需的氧氣也就越少。我們的身體和大腦會變得緊繃——因此才會有那句大家耳熟能詳的建議：當你面對困難時，先深呼吸一口。這確實會讓你的感覺恢復。溫和的深呼吸能使你平靜下來，而你放鬆了的能量能為你試著幫助的人建立出平和感。

當別人痛苦時，通常最有意義的就是與他們的精神同在。這意味著我們必須願意讓他們的恐懼也影響到我們，而我們必須無懼於它的威力或毒害。有個常見的療效冥想練習鼓勵我們「願意吸入別人的痛苦，然後呼出你的愛與祝福。」*

支持一個痛苦的人——不管是情感上還是身體上感到痛苦或兩者皆是——的方法之一，是**容許他們掉淚**。我們很自然地會想讓他們停止哭泣，我們會對他們說：

* 佩瑪．丘卓（Pema Chödrön）在《轉逆境為喜悅：與恐懼共處的智慧》（*The Places That Scare You: A Guide to Fearlessness in Difficult Times*）一書中對菩提心法「自他交換」有美麗的描述。

「不會有事的，請不要再哭了。」當他們啜泣或慢慢地流著淚時，我們難以接受自己就坐在那裡，一點忙也幫不上。但他們的身體其實正試著將情緒移出體外，以釋放出與淚水一起出現的療效。說明白一點就是讓痛苦流出來。如果可以的話，試著不要立刻去拿面紙或將他們擁入懷中。只要讓他們知道你在身邊，然後，幾分鐘後，再輕拍他們的肩膀，而不要把他們的重擔當成你自己的。

你或是你想安慰的人在不同的時候可能會把痛苦視作一位老師、一堂課、一個懲罰、一項公義，或活著的一部分。不論人們怎麼看待自己的痛苦，只要你能瞭解他們的看法，就能對他們有所幫助。你也可以一直問他們或不斷詢問專業人士，如何讓他們感到安心一點。然而，當沒有任何事物可以解除痛苦的時候，你能做的，只有幫助他們忍受。

儘管我們非常希望能讓痛苦遠離，這卻非我們的職責。有時，我們為了表達關切而說出這樣的話：「要是發生在我身上就好了。」或是：「如果我可以替你受苦，我願意。」這些話聽起來可能很好心，可是對我們想要安慰的人來說卻是空泛的，因為儘管你很希望能和他們交換處境，或讓他們的痛苦止息，事實上你就是無法做到，而他們對這一點也清楚得很。

或許我們可以學著說我朋友前天才對我說過的話。她眼中含著淚水，掙扎著想找出方法，以協助我面對一個令我感到情感上受到荼毒的難過情形。她先是告訴我她覺得有多麼無助，並說她希望能為我做什麼。我原先並沒有想到，看著我掙扎她也會感到痛苦。接下來，她給了我一項大禮，雖然當時我並沒有意識到。「聽起來，你受的苦正對你的身體釋放出毒素，而你可能想找方法排除毒素，」她緩緩地說，刻意帶著點遲疑。「我曾學到如何將健康器官內的化學藥物沖出去，我想知道，這個方法否能幫你一點忙。」

我說，聽聽她的故事也許對我有用。於是她告訴我，她是如何面對化療那痛苦難耐的副作用：「我想像化學藥劑流向我的癌細胞，同時離開我健康的器官，例如肝和腎。我靜靜地坐著，冥想，告訴我的身體做好份內事：打擊癌細胞，並釋放出健康細胞裡的毒素。」

這場對話之所以會如此具有療效，是因為告訴我她自己冥想方式的朋友並沒有叫我要做什麼。她藉由讓我體驗她自己在痛苦時有多脆弱，而**陪著**我一起受苦。

現在，我們暫時換個立場，假使你是那個需要安慰的人，但不知如何開口要求你所需要的呢？對於好友和親人，你可以讓他們知道，與其不安地忽視你所發生的事，你要的不過是一句：「你今天做的檢驗情形如何？會不會痛？」或是：「你害怕再談一次戀愛嗎？」或是：「我不知道要為你做什麼，我覺得好無助。」或是：

「你怕死嗎？」你可能會因為太堅強或太會「處理」你的痛苦，以致於朋友不知道你需要他們做些什麼，甚至不曉得你有這個需求。在你對自己的恐懼能坦承以對，或說出你真正所需的事物前，你可能會與人保持距離，無法讓他們說出你渴望聽到的話，也無法與他們分享你身上所發生的事。

- 假如你突然被診斷出重大疾病，你希望別人怎麼幫你？你會隱瞞病情嗎？還是希望周遭的朋友知道如何幫你或瞭解什麼才是你的家人會感激的事？
- 假如你有一陣子不能照顧自己，你認為你從朋友、同事或家人那裡會需要些什麼？你會找誰來幫忙？什麼才能讓你比較容易開口要求，並接受你需要的幫助？
- 在療養時期，對你而言，痊癒和治療之間的差異在哪裡？

Chapter Ⅲ

職場上的療效對話

你們一群飯桶！

❖ ❖ ❖

→把生氣的客戶變成忠實的擁護者←

當你最好的一位客戶在電話那頭對你大聲咆哮，抱怨一個你不確定是否爲你公司所犯的錯誤時，你要怎麼辦呢？你要任由他發洩怒氣嗎？是不是要先安撫他一下？是要盡可能地彌補錯誤好讓他不再大吼大叫，還是要維護公司調查錯誤的權利？你是否要跟對方道歉，然後盡一己之力只求能讓他高興起來？

不管你多麼地有經驗，還是難以將怒火中燒的客戶語言上的攻擊視作事不關己。某大飯店的訂房主管唐娜，有天早上上班時就不得不面對這種事。她如何改變自己態度的故事——從抗拒和防衛到調查和維護——提供我們在面對生氣的客戶時，能夠有更深刻的理解。

某旅行社是我們最大的客户之一，他們在我們公司旗下的飯店為客户訂了房間。這是他們的主管喬治在電話轉接到我這邊時的説詞。他從一開始就對我大聲尖叫。顯然，他的客户湯姆想在我們三星級的飯店登記入房，但卻被告知沒有他訂房的紀錄。湯姆堅稱他訂了房間，雖然他手上並沒有我們給他的確認號碼，但他確實有一紙旅行社的文件，上面寫説他在我們的飯店已經訂好了房間。糟糕的是，我們飯店的房間已經全部客滿了。

喬治大罵我們有多麼無能：你們不知道怎麼經營飯店嗎？你們怎麼能告訴客户沒有訂房的紀錄？難道你們不曉得這對我的公司形象很不好嗎？你們到底在想什麼？「你們要補償這位客人兩晚兩間房免費住宿！」

我很想跟他説：「喂！等等！你們以前和我們公司從來沒有發生過這種問題，你不能隨便就認定這是我們的錯。你們又沒有確認號碼，所以你先停一下……」但我沒有按照平常的方式替飯店辯護，反而思考起我們訂房組一週前所受的訓練。那時我們做了些面對沮喪客户的角色扮演。我們學到的第一件事就是聆聽。第二件事則是，當你要講公平，或解釋錯誤發生的理由時，客户只會更加不高興——即使你的公司什麼都沒有做錯！我決定試試看新學到的工具，而不是先產生抗拒心或當成這件事是衝著我來的。

我讓喬治宣洩他的怒氣。他真的很生氣，我說什麼都不會有用，他也都聽不進去。在他終於抱怨完了以後，我先呼吸幾口，然後慢慢地說：「喬治，我會照顧你的客户，查一下情況，然後等我知道事情的來龍去脈後，我會立刻回電給你。我們會解決這個問題的。」

「不用回電給我了——你只要免費提供住宿，」他回答，然後就掛上電話。

一件一件來。我先確認這位旅客獲得轉角那頭我們另一間四星級飯店的好房間，然後調查究竟是什麼導致這場錯誤。我忽然想到，也許旅行社誤把客户的訂房安排在附近一家名字和我們相似的飯店。結果情況和我想的一樣，我發現旅行社在那裡替客户訂了房間。於是我拜託那間飯店的訂房主管給個人情，不要向這位客户收取訂房不到的費用。

雖然我發現了對我方有利的事，但在回電給喬治前，我決定暫停一下。我知道我是對的，我們沒有做錯事，但我不想讓我的語氣帶有這種態度。同時，我也想試著運用我一週前受訓時所學到的事：設身處地替別人想。我思考了片刻，想想自己要是替家人訂了房間，知道自己已經訂好了，和飯店的某個人說了話，卻被告知我們沒有訂房紀錄，那我會有多火大。我一定也會火冒三丈的。或許也會覺得很尷尬。於是，懷著這樣的看法，我撥了電話給喬治。

我告訴他，他的客户已經很高興地住進了我們四星級飯店兩間等級比較高的房間。然後再跟他說我發現的事。起初他並不相信，並說：「你確定是這樣嗎？」我心平氣和地告訴他，我有另一家飯店的文件，可以傳真給他看。我說我注意到他並非是替客户訂房的那個人——他底下的職員中有人打了這通電話。然後，喬治忽然就開始道起歉來了，説他很抱歉他的公司犯了錯，而他卻對我大吼大叫。他承認他的辦公室人手不足，他一個人要當四個人用。但，他補充説，人手不足不能成為對我粗暴無禮的理由。

我告訴他：「錯誤總是會發生的。我很高興我們能讓你的客户住進我們另一間飯店，並找到哪裡出了問題。謝謝你的道歉，我很感謝。」

我在處理喬治和他的客户這件事中學到，你永遠也不曉得別人手中握有的是什麼。在過去，我會站在面對客户的第一線上，花更多的時間堅稱我們公司沒有做錯事。

「你的客人本來應該會變得怎樣？」我問。

「我們大概會在另一間飯店幫他弄到一間房間，但不會是在我們自家的飯店，他也不會再回來了，」她承認說。

「那旅行社的那個人呢?」

「喔!他會到別的地方做生意,」她解釋,對堅稱自己沒錯會有什麼樣的代價很坦白。結果,旅行社的那個人寫了封信給飯店老闆,說他對飯店應付這場混亂的方式印象深刻。「我會把我的生意都交給你們做,」他寫道。

以下是面對生氣的客戶,員工在控制自己反應時應謹記在心的事:

- 瞭解情況比自己是對還是錯更重要。
- 如果你想瞭解哪裡出了問題,請用點時間瞭解別人的感受。
- 即使你沒錯,你要堅持自己是對的,還是維持你與客户的關係?
- 當有人對你大吼大叫時,你在做出任何行動前都要先停下來呼吸,因為你一開始只會想要吼回去、打斷對方的話,提出解釋或快速解決問題。深呼吸幾口會讓你有「喘息的空間」,如此方能對事態持有深度的看法。
- 有人對著你發洩怒氣時,你能做的只有聽而已。這個人並沒有準備好要聽你說什麼,除非他覺得你已經聽進去並理解他所說的話。
- 你不用說你的公司有錯,但你可以說你對發生的事感到很遺憾。
- 盡力改善客户所面臨的狀況,同時顧到客户的尊嚴、公司的預算和原則。

・一旦你知道哪裡出了問題，好聲好氣地解釋問題的起因，讓客戶有機會保住面子，同時聲明我們都是人，難免發生錯誤。

在處理棘手的客戶時，什麼是唐娜最需要學習的呢？「喔！這個簡單，」她說，「就是閉上我的嘴，聆聽並讓對方發洩情緒，不要立刻就替公司辯解。自從學到這種處理方式來面對認爲每個問題都該由我們負責的客戶後，我們平常會發生的損失已經大幅下降。現在我們都先聽他們說話，再進行調查，然後是同理對方的處境，最後才是解開誤會。」

當員工之間相處有問題時

→聆聽的力量←

「如果我非得和羅傑一起工作，我就馬上走人！」

當員工們相處不好時，公司的損失可能不只是金錢而已。發生在職場上的個性衝突可以侵蝕一個人的自尊，並迫使公司經理人面對一個很難處理的局面。以下的故事告訴我們，有意識地運用療傷對話的原則，就能在兩個完全不合的人之間建立起建設性的關係。

有天傍晚，馬克進到我的辦公室來，宣稱他「受夠了」羅傑。羅傑事先已經警告我們，他是個很難一起工作的人，但我們還是僱用了他，因為我們需要他懂得的東西，以在劇烈變動的產業中保有競爭力。當馬克跑來找我，我的直覺是做我平常會做的：以為自己知道問題出在哪裡，表示羅傑確實是個比較難以共事的人，然後說服馬克咬牙撐過去，繼續過他的日子。我就像許多經理人一樣，最不想處理的就是個人問題。

雖然我很想直接解決問題——我認為這是身為上司應該要做的事——我還是決定試試別的辦法。剛開始，我只說了這麼簡單的話：「你看來非常沮喪，馬克。」

「你他媽的沒錯，我是很沮喪，」馬克說，「羅傑當我是個五歲小孩！」

然後我遲疑了，我自問，他真正想告訴我的是什麼？如果他覺得自己被當作小孩而非大人對待，也許他覺得自己不受尊重。所以我對馬克說：「聽起來你好像認為他不尊重你。」

馬克停了幾秒，然後慢慢地說：「呃，不是，不是這樣。並不是他不尊重我。而是他不曉得我也很有經驗。」

他的語氣改變了，現在變得比較放鬆，而我則得到了珍貴的見解：只要誠心誠意地試著瞭解對方，就能把情況冷靜下來。我第一次發現我們大家多麼希望有人瞭解自己。如果我的瞭解不正確，他會一直解釋他的意思。我決定不說別的，就讓馬克一直說下去。

「嘿！」他繼續說，「我為公司賺了很多的錢。你看過我的銷售紀錄。你不同意嗎？」

我很想表示同意，但我堅持要瞭解情況。「馬克，你是說，你覺得自己已經學到了所有要學的，而且準備好要去跑客户，而不是在辦公室裡繼續受訓？」

「是的，就是這樣，」他說，「可是羅傑太忙了，根本就沒注意到我已經學到多少東西。」

馬克開始用新的方式來看羅傑，我也從另一個角度來看這個問題。我們逐漸看到問題的根源，而讓我驚訝的是，這和羅傑的個性根本毫無關係。「所以，羅傑太忙著做自己的事，因此不知道你已經準備好要上路，開始銷售新的產品。」

馬克又停了一下才說：「呃，你是對的，洛根。他沒有時間看到我的進步。我應該讓他知道才對。我想我會去跟他説我安排的行程，看看他能否幫我做點計畫。我準備好了，現在就想去和羅傑談談。你會同意讓我出差吧？」

洛根和馬克的對話不過幾分鐘，但對洛根而言是個頓悟的經驗。他原以爲的問題——一個不好相處但有天份的員工和另一位員工間產生了摩擦——根本不是問題。他沒有急著同意怒火中燒的員工所說的話，而且決心不要跟著生起氣來，然後對難以相處的員工說教，因爲他發現問題其實和這兩位員工沒有溝通好有關。羅傑並不曉得馬克進步了多少，馬克則不瞭解令他受挫的人太忙，以致於沒有注意到他已經學會了該學的東西，而且準備回到原本的工作崗位（在那裡，他事實上繼續刷新銷售紀錄）。

大家總是期望高層主管採取行動，光是聆聽感覺上好像很被動。洛根的故事告訴我們，聆聽話語背後的感覺可能是最好的、面對衝突的第一個反應。一如洛根所發現的，人其實很有能力解決自己的問題，只要我們肯予以聆聽。

想想看，如果領導者是扮演如下的角色，會是什麼樣的情況：當個領導者就是要確保員工、客戶、策略夥伴或經銷商之間人際關係的品質；領導者的角色並不是永遠都要能解決問題，而是要有意識地過濾員工之間相互衝突的反應和誤會；領導者的角色是擔任員工差異的橋樑，營造出一個關懷的環境，使得同事與公司都能在這個環境中受益；領導者是要能夠進行療傷的對話——即便是在工作上。

交換立場

幫助同事不要驟下結論

當人們無法發現究竟是什麼在困擾自己，你要如何幫助他們呢？我們很多人在工作上都會面臨這樣的挑戰，亦即從旁觀看，我們瞭解是什麼地方不對勁，但同事卻只認爲他是對的，而其他人都是錯的。就和碰到其他人面臨沮喪的情況一樣，你要如何幫他們停頓以找出新的看法，但又不用告訴他們要做什麼呢？現在你可以「竊聽」一位經理人上課時的情形，看看你是否能在其中找出當你面對類似情形時，自己能加以運用的療傷對話指導原則（請參考本書〈準備開始〉一章）。

大衛的工作是幫忙經營一家飯店，他負責監督幾個重要的部門是否有在盡力做事。對他來說，只要沒有做到他自己能夠達到的水準，就不是盡善盡美。而要是有人沒達到他的標準，他發脾氣和失去耐性是常有的事。有一天，他看到員工在工作時穿運動鞋。「運動鞋！」他以厭惡的語氣說，「這是不能接受的事。他們以爲他們是誰？」

我指出穿著運動鞋的員工是因爲必須整天站在接待櫃檯，每天八小時，一直站著。

「但這違反了公司政策，」他告訴我，「如果督察員抓到櫃檯人員上班時竟然穿著運動鞋，我們永遠也拿不到四顆星的等級。」

「我明白了。那你要怎麼處理這件事？」我問。

「叫他們穿規定的鞋子不就得了，」他說，顯得非常煩躁。

「這個嘛，你曉得他們有的人爲何明明知道這是不被允許的，卻還是穿著運動鞋嗎？」

「不曉得，我也不在乎，」他說，對於浪費時間瞭解員工何以做了像穿著運動鞋一樣的**傻事**感到很煩躁。

於是我們停下來，我問他，我們能否探索一下造成員工打破規則的原因。「想像你自己是個櫃檯人員，」我鋪陳一個情境，「你必須站著一整天。主管告訴你，公司的目標是對每一位客人提供溫暖且親切的服務。你必須一整天站著，不能坐下，也不怎麼能走動，就是站在那裡，態度友善。你瞭解我說的嗎？」我問。

「當然，」他說。

「現在，」我補充說，「你把自己當成他們去想：為何你要穿運動鞋？」

「我才不會，」他說，還是非常煩躁，「這就是我的重點。假如我去做他們的工作——我以前也做過——我只會穿著規定的鞋子。打破規則對我來說不具意義。」

「好，」我說，「因為你還沒有穿上他們的鞋子（譯注：這句話在英文有「設身處地替別人想」的意思）。你看事情的角度就好比你做著他們的工作但仍穿著**自己**的鞋子。你還沒有進一步把自己當作他們來看這個處境，只要你繼續用自己的方式做他們的工作，就不能同理他們的想法。」

「沒錯，」他說，「而且我無法想像有人會這麼做。」然後，他突然醒悟了。除非他停止認為每個人都該用他那一套方式做事，否則作為公司高層主管的他是沒有辦法看到真正的問題點的。只要他一直抱持著自己是對的態度，並認為其他人都是錯的，他無法真正發現是什麼因素導致他手下的員工打破規則。

最後，他發現員工之所以穿著運動鞋上班，是因為他們腳下的墊子沒有足夠的支撐力，因此他們的腳很痠，背也會痛，難以對不斷湧進來的旅客「溫暖親切」。大衛的解決方案是什麼呢？不是生氣地禁止他們穿運動鞋，相反的，他訂製了一個厚一點的新墊子。他的員工改穿回規定的鞋子，而且真切地感覺到他用心從他們的觀點看事情。他終於試著「站在員工的立場看事情」！

「我以爲設身處地思考就是把我自己放在另一個人的工作上，然後用我的方式做事。但如果我這麼做，我完全沒有用新的角度看事情——我只是爲自己的看法辯護，對別人的看法仍然是盲目的。」

同事需要你怎樣幫他們看到自己看不見的事物呢？

- 你不會批評他們是個沒感覺的人。
- 你不會說他們是錯的，或急著指出答案。
- 你明白他們一定有什麼因素才會無法看清事情（雖然這些因素不一定顯而易見）。
- 你對他們的挫折懷著同情（例如，在本案例中，大衛無法瞭解他錯失了什麼，直到後來才能坦承自己所受過的訓練使他做事的方法和別人不同。一旦他能說出這一點，他不用覺得自己是錯的，就會願意採用新的角度來看事情——至少會想知道他不瞭解的究竟是什麼。作為一個聽眾，當你對一位發現自己錯了的人懷著慈悲心時，他們常常也能對自己有慈悲心，並跟著對別人慈悲）。

倘若是你自己無法瞭解到底發生了什麼事，又沒有人可以幫你釐清眞相，你可以考慮用幾分鐘的時間和令你生氣的人交換立場。在你做出批判性的回應以前採取這個步驟，可以讓你發現自己其實沒有掌握住事態的全貌。你可以用這句話作爲開場白：「也許我有哪裡沒有注意到……這是我所瞭解的。你能補充說明嗎？」當你用時間停頓，並聲明你所不知道的，就能促使員工幫助你解決問題，員工也就不會在那裡浪費精力針對你的推測而爲自己辯護。

你一定是在開玩笑！

↓說出或聽到令人難以接受的評語↑

亞歷克斯幾個月來一直不想去處理一個問題。他的問題是馬德蓮，一位很有上進心、公司也很想提拔的員工。執行長對亞歷克斯施壓，要他在短時間內讓她升職，以免被別人挖角，而這是公司所不能負擔的損失。

馬德蓮全心全意期待著自己的升職。客戶對她的評價很好。事實上，她的工作表現常常超越水準。但同事覺得他們無法和她競爭，他們抱怨她的用詞尖銳，批評別人不留情面，而大家根本就不可能達到她的高標準。他們覺得，會議中別人在發言時，馬德蓮的心裡一定在想：「喔！拜託，講重點！」

當好幾位員工拒絕和馬德蓮同組工作時，亞歷克斯終於不得不採取行動。

亞歷克斯：我花了好幾個月才準備好要和馬德蓮談談。我心裡在想，萬一我搞錯了她的問題怎麼辦？萬一她把矛頭對著我，告訴我作為一個經理我犯了多少錯，我該怎麼辦？萬一她說：「你以為你是誰，可以這樣批評我？」或是說：「我不幹了！」那該怎麼辦？

馬德蓮：當我的上司告訴我一件完全不同於督導已經暗示我好一陣子的事，我簡直不能相信。我還以為我做得很好，就要升官了。但相反地，我卻聽到有幾位同事不想和我在同一組工作。我非常難過。突然間我被要求接受一些嚴正的指導，要我改變工作的方式。首先我要問自己的是：「我想要改變嗎？」

亞歷克斯：最難的就是對馬德蓮說：「妳有認知上的問題。同事發現他們很難和妳共事。他們認為妳自認比所有的人都要來得優秀。這就是為何妳做事不假他人之手的原因——因為妳不認為別人可以照妳要的方式做事。妳可能不覺得自己是這個樣子對待別人，但事實上，他們的認知卻是真實的。問題是，妳願意努力改善這一點嗎？」

馬德蓮：我的上司第一次提到我的管理作風時，我根本不想聽。「饒了我吧！沒有人可以把工作做得像我那麼好。我可沒有時間搞這些有的沒有的。我忙得很！」

亞歷克斯：我也懷疑這位表現高超的職員的問題究竟是源自於她的個性，還是因為她缺乏管理的技巧。我知道要她改變自己——變得和我們比較相近——是不公平的，但為了公司和士氣，我不得不告訴她，她需要採取比較包容的管理作風，也就是少一點自我中心。

馬德蓮：我要辭職！我這麼想著。這樣會比改變我的個性簡單多了。但我暗自納悶著，主管說我對待別人的方式是真的嗎？我對朋友沒有耐性嗎？家人呢？我一直都在批評別人嗎？我真的有問題還是主管對那些人太敏感了呢？當家人和朋友說我對他們也是這種態度時，我很震驚。

實際點，我對自己說。我想我需要學著調整作風，變得有耐性且坦率，而不是一個不想聽別人意見的人。我的主管要我看看我的行動會對別人的成長帶來什麼影響。我最大的挑戰不只是我需要學著聆聽，我首先還必須**想要**聽別人說話才行。

馬德蓮的主管讓她決定，是否願意在升爲董事的前提下，採取一個讓事情更容易成功的方式，也就是對別人更爲體貼。他們讓她發展自己的溝通技巧，包括聆聽別人的構想而不去想她自己的點子比較好、在給予評語時要更有耐性和體貼、教導員工正確的做事方法，而非自己把工作拿過來做，以及放下自我，讓別人有更多擔任領導的機會。

亞歷克斯：我們學到最重要的事情之一，就是馬德蓮之所以會有這樣的問題，我們管理階層其實是有部分責任的，因為我們設立了一個功能不良的工作環境。她應該要有個督導，指導她這麼一位年輕的經理要如何授權並參與團隊的工作。

馬德蓮：我的上司說，我手下的員工和其他人需要我在他們背上輕拍一下表示鼓勵，並且有學習的機會。但其實我也有這個需要。可是在我之上並沒有一個很好的榜樣，而我又學到他們一些壞習慣。我感謝我的上司願意瞭解是什麼因素導致我的行為，而不是只讓我覺得自己做錯了，需要修正。

經過幾個月同儕警醒的指導和她所謂的「靈魂探索」——困難的內省工作，她必須對別人表達關懷且學著把聆聽當作她主要的工作——馬德蓮發現了她的不同。她的同事和家人也是。

馬德蓮：一個昂貴圖像套裝產品的交件日期就要到了，承辦這項工作的團隊成員把成品拿來給我過目。東西很糟，和我的預期差得太遠。如果是以前，我會對這位員工發火，然後自己做這個工作，一邊納悶她怎會如此無能。但這次我停下來問她：「你以前做過這種企畫嗎？」她表示沒有，而且很慶幸我問了她這一點。我們花了一些時間談哪裡需要修改以及為什麼。她告訴我，這幫助了她瞭解如何做好這件事，下次她會從一開始就做對。

也許最看得出我的改變的，是最近所發生的一件事。當時我和我爸爸正談到他在工作上的挫折。在我們聊過以後，他看著我說：「不久以前，我還認為妳不能坐在那裡聽我說話，因為妳會試著改變我或解決我的問題。妳變了，馬德蓮。我很感謝妳現在這麼願意聽我說話。」

被人批評自己在工作上對人太苛，對馬德蓮而言是個警訊。她被迫面對一個看來是工作上的問題，但實際上卻是她從以前到現在一直都存在的問題——於公於私都是如此。她必須懂得，完成工作不只是做得又好又快，還與瞭解其他人的感受有關。她過去從未有意識地耗費自己的時間在這上頭用心。

亞歷克斯：我學到最有價值的事，是要在一位員工事業的初期就進行這種療傷的對話。我發現他們不會生你的氣，反而會尊重你，因為你告訴他們問題出在哪裡，以及有什麼是他們可以改善的。我不再只是看著大家，希望事情能夠自行解決。現在我可以看到每個人的本性，如果他們想要改變，他們會改的，如果不想改變，那最好他們還能繼續前進。

如果你想給員工一個「很難接受」的評語，但希望他們能在最初的厭惡感後把你說的話聽進去，以下這些對話的指導原則可以幫助你：

- 當你手足無措時，要讓對方知道——說出你對告訴他這個消息的不安。
- 停頓——察覺自己可能對這位員工的情形或行為並沒有全盤的瞭解。
- 長久支持——瞭解建立新的習慣需要用上幾個月的時間。
- 當個有用的資源——指導對方並給予旁觀者的客觀看法。

關閉工廠和遣散通知

──讓人失業但不失自尊──

告訴別人他們被解僱了，不管是爲了什麼原因，都是最難開口的情形之一。你怎麼有勇氣告訴別人這個可怕的事實，同時卻還能表示對他們的尊重？艾德的公司在回答這個問題時，也替未來的發展植下根基。

幾年前，我本來是一家公司的高層主管，但公司在成長的時候迷失了方向。創業之初，它曾是一家關心員工的公司，然而，在新任執行長採行了把員工當成工具的政策後，一切全都改變了。所以，後來當我成立自己的公司時，我希望在我的看管下，永遠不會發生這樣的事。這也就是為何我們發展出一套價值觀，幫助我們不論在什麼情形下都要善待員工。不過，最近在面臨關閉一間工廠並資遣員工時，我差點就迷失方向。還好有位員工大膽問了我一個重要問題，我才回到正軌上。

由於電訊產業低迷不振，我們被迫整合製程。這代表我們必須關閉一間工廠，將所有的運作轉移至另一間距離這裡有三小時路程的工廠。儘管我們希望所有的員工能一起過去，但實際上，我們知道他們大多不會跟著我們走。那時，我很擔心工廠能否按時交貨給客戶，也擔心在可以想見的混亂時期要如何維持生產品質，還關心這個消息對我們的員工——許多人對我就像家人一樣——會有什麼樣的影響。

在我能有計畫地解決事情以前，我一點也不想和他們任何一個人談這件事。但我的個人助理茱莉有不同的想法。她問我：「艾德，讓他們知道這件事不就是一種對他們表示尊重的方式嗎？」她提醒我幾個月前，他們問我們是否會關閉工廠時，我們曾經承諾要告訴他們事實的真相。我們說，一旦有了決定，就會讓他們知道。

我忽然明白自己就算還沒弄好細節，也沒辦法不告訴他們這件事。我只是不曉得要怎麼做。我討厭告訴他們將失去工作的壞消息，因為我覺得我讓他們失望了，儘管我知道這是正確的業務決定。因此我在找方法避免和他們面對面談。或許我可以用一紙備忘錄來解決？

茱莉問我對這件事的感覺。「除了可怕還是可怕，」我告訴她，「畢竟，是我僱用了他們大家。他們又沒有做錯事，只是碰上產業景氣的放緩。我滿腦子想的都是他們，但我們最好整合運作，並節省總開銷。」這時，她鼓起勇氣逼我。「那麼，告訴他們事實，還有你的感覺——我以前看過你這麼做過，現在你一定也做得到，」她堅持說。

在對員工發表談話前十分鐘，我依然不認為我能做到。我不確定我真的會告訴他們這個壞消息，要不是茉莉再一次跑到我面前，並說：「發自你的內心告訴他們事實。你做得到的。」我有好幾百個藉口可以不和他們說話，畢竟我還沒有詳細的計畫。當我預先告知他們大部分的人會失去工作時，我確實還不曉得要怎麼進行關廠的動作。我知道這並非矽谷傳統的經營方式，我不曉得我們能否完成這複雜的關廠計畫並移轉運作。當我終於說出這個消息時，我哽咽了，而每個人也都看到了。他們以前肯定沒看過我，也就是他們的執行長這個樣子。我是個優秀有自信的哈佛商學院畢業生，受過的領導訓練是「絕不要讓他們看到你在流淚」。我告訴員工，在知道他們大部分的人都會失業的情形下，這個決定對我來說有多麼困難。他們知道我重視他們。我們宣布還有三個月就會完成轉移，而我們給每個人跟著我們一起走的選擇。稍後，當我們規畫出關廠的細節，我們的營運經理就開始推動「把握今朝」的概念，叫大家如果要工作，就要做到最好且為此感到驕傲，直到最後一天。他們真的做到了，而且也在期限內完成所有的出貨。

雖然那天面對員工——和他們談，接受他們的發問，並在之後和他們一對一的談——是如此地困難，我發現我不想在缺乏信賴的基礎上經營公司。我希望公司的運作是秉持著關心且信任員工的基本信念。如果我們公司的價值觀在於相信告知事實真相並尊重大家是很重要的，那我們不論時機好壞都要這麼做。結果，許多員工告訴我們，我們在這段期間對待他們的方式，讓他們希望若有一天我們回到這裡他們能再為我們工作。這是我聽過對我所說的最棒的話了。

治療的本質就在於對行動的自覺。茱莉的覺察幫助老闆勇敢地與員工進行對話，她所使用的方法包括以下幾種：

- 老闆擔憂不曉得和員工談話後會發生什麼情形，但她沒有因此批評他。
- 老闆擔心無法控制自己的情緒，會讓大家覺得他沒有「掌控事態」，因為他認為「掌控事態」是大家所需要的領導者風範，而茱莉對此表達了同情。
- 茱莉沒有告訴老闆要說什麼，也沒有說這件事不難做到，因此也就沒有侮辱到他的智商。
- 當有人承受不了眼前困難時，茱莉做了該做的事：提醒他們過去的成就。

體操吊桿

——被裁員、解僱或僱用——

「他們對這間公司的所作所爲是不公平的。我愛這裡。我覺得自己可以在這裡再待上個十年。我們就像家人一樣。這裡都是些你可以依賴和讚賞的人，而主管也都相信你的能力。我無法相信合併案會毀了這個地方。我們被迫辭職。而像我一樣還沒辭職的人也知道自己無法再在這裡待多久。我們內心難過得要死。」

珊有天早上對我說了這番話，她來找我就是爲了要重新規畫自己的事業和未來。她對於公司在合併後，同仁被對待的方式感到忿忿不平。

我無法再一次把自己的信念和信賴交給一間很棒的公司，然後轟的一聲，就要重新來過。因為即使我順著他們改變，這間新公司也可能被別間公司併購，然後又

有完全不同的重點和原則。

你知道我不能忍受的是什麼嗎？我不能忍受朋友跑來問我：「那你想做什麼呢？」好像你很容易就可以回答出這個「簡單」的問題似的。要不然他們會問，你有沒有重填履歷表，他們可以幫你遞出去。我知道他們想要幫忙，但現在我很憤怒，而且覺得被背叛了。此刻我沒有心情去面試，雖然我知道自己再過不久就得走上這條路。當這種事發生時，你怎能調整心態，還去想到其他的公司呢？

每天每天，都有人在換工作。有人離職是因爲他們厭倦了，無聊了，有更好的工作，或準備要改變。有些人則是被裁員或解僱或提早退休。有的人馬上就想找到新工作，因爲他們不是需要有份收入，就是無法容忍自己沒有時間上的安排，沒有同事、員工、成就感、額外福利或身屬職場一份子的感覺。其他人則用時間考慮自己有哪些選擇，思考如何用不同的方式賺錢、做出一些改變、學點新東西、教書、投資或做些他們一直想做的事。

如果你想支持一個正要換工作的人，或像珊一樣正在考慮辭職的人，你能做的就是當個回音板和資源。開始時，不要說服他們做什麼或不做什麼。如果他們請你幫忙寫履歷表，你要坦率直言並有耐性。人們常常不曉得如何用別人可以理解的方式說明自己的成就。而若是他們夢想跨入完全不同的事業，或想走事業以外的路，你不要感到驚慌。這很健康，而且可能帶領他們找出新工作或人生上的優先順序。他們看來可能迷失了，困住了，或難以承受要轉換跑道，因爲以他們的年紀，或在他們的工作領域或居住地上重新開始簡直是不可能的事。你可以讓他們表達出這些感受，或者要是他們寧願清理地下室，就隨他們的意。人們大多需要靠別人才能找出那可以往新方向踏出的一小步。即使他們能看到自己接下來該做的事，他們也可能尚未準備好要跨出那一步。

另外，前哈佛心理學教授也在這方面提供了他的建議。他自己轉換跑道變成一家公司的執行長，他說：「在你還沒容許自己生氣並對即將離開的事物傷懷以前，你無法出去展開新的工作。不管你是辭職或被裁員，還是被解僱。你需要哀悼自己原本的工作。」我因此瞭解，原來結束一個工作與經歷生離死別有很多地方類似，我們需要道別、哀嘆，甚至對我們人生這段旅程有個象徵性的結束。

如果你試著幫助一位即將失業的人，不論是你的先生、太太、朋友、同事或手足，以下幾點動作可以幫得上忙：

• 停頓並感受你自己的感覺。你可能在生氣，因為對方很久以前沒有接受你的建議找好一點的工作。你也可能擔心自己損失了一些福利，因為你們實際上就要失去一份收入。

・好奇並想像這對那個人有什麼影響，儘管你不認為自己會有相同的感覺。

・不要忘了，即使主動做些什麼可能讓我們感覺很好，但我們並未被要求去解決他們的難過，或替他們找到新的工作，又或是幫助他們重新回到舊的工作崗位上。

你愛的人失業了，而你不曉得該如何安慰他，這整件事本身就是嚴酷的考驗。

威廉・布居（William Bridge）的著作《過渡時期》（*Transitions*）是本配偶和家人可以閱讀的好書，用以支持一個事業發生變遷的人。作者教導我們用一個有益的方式去面對改變：你可以從A點直接到B點這樣過人生——在這種情形下，你要做的只是從一地到另一地；不然你可以在「什麼都不知道」的區域停頓，直到你因爲花時間深入瞭解自己的天份、潛力和慾望，而使這段過渡時期引發出一些變化來。

你可以把換工作當作一個過渡期後的變化。這個過程可能會很混亂很困難，使你不由得懷疑起自己的能力和夢想。它也可能是段讓你心情忽高忽低的時期。然而，如果工作懸而未決的人能從別人身上得到一些支持，就有可能得到放掉過去並伸手握住下一根吊桿所需要的力量。在最近重新登在《二〇〇一年歲月精華書》

（*The Essence Book of Days, 2001*）的文章〈對變化的恐懼〉（Fear of Transformation）中，作者達那安姆・派瑞（Danaam Parry）和達那安恩・派瑞（Danaan Parry）以體操吊桿來形容過渡時期。基本上他們說的就是，爲了成長，我們必須願意放開目前支撐著身體的吊桿，才可能握住朝我們盪過來的另一根桿子。

辦公室的壞消息

❖　❖　❖

→跨越那道隱形的界線←

當你認識的某個人或不是很熟的人在辦公室接到壞消息時，你要對他說什麼呢？你要跨越員工上司的關係嗎？如果你放下警戒心會怎麼樣？你可以身兼客戶和朋友這兩種身份嗎？今天你們的關係拉近了以後，明天還能保持專業的態度嗎？克莉絲汀的故事告訴我們，不管你的工作職稱爲何，最重要的是要瞭解到自己是個一般人。

我沒有預期我會在工作時接到這通電話。當醫生說她有壞消息要告訴我時，我不確定我在聽到**癌症**這個字眼後，還聽到她說了些什麼。我只是坐在辦公室裡，感覺麻木了二十分鐘。然後，電話響了。是一位仲介商客戶打來的。我在一間商業地產管理公司負責出租業務，而他和我一直在協商一間馬上就要空出來的建築物的出租條款。

「你好嗎？」他問。

我忽然哭了出來，嚇了自己一跳。我一直啜泣著，告訴他我的醫生才剛打電話來，說我罹患了癌症，需要立刻動手術。我無法相信我告訴客户這件事，我和他在電話上談生意，但從未見過面。他表達了他的同情，而我不知怎地，總算能振作起來，問他有什麼我可以幫得上忙的。

「喔！不，」他堅持說，「我們改天再談這個。」

「不，真的，」我回答道，「我現在很想談工作的事。拜託你，讓我們談談你打電話來是為了什麼。」於是我們開始討論起公事來。我需要把自己當作仍然是個可以工作、思考並幫助別人的人。

三天後，我很意外地收到這位客户的來信。他親手寫了兩頁的信紙，告訴我非常私人的故事，也就是他的親人罹患癌症時的情況。以下是他寫的內容。

親愛的克莉絲汀：

我很遺憾聽到你的狀況。我想告訴你一個故事。

一九六九年我爸爸因肺癌過逝。三年後，我媽也診斷出子宮癌，並安排動手術。在我媽入院開刀前，我回家陪她度過可能是最後的共處時光。但在她去醫院前一晚，我發生了嚴重的車禍（山中唯一一台車子）。我很幸運地活下來了，不過我的臉卻毀了，我的臉上縫了五十針，皮膚被撕扯開來，看起來真的會嚇死人。

我不想讓我媽受驚，因此選擇在電話中告訴她這件事，而不要讓她看到兒子破碎的臉。一直到我的臉（或至少側面）清理得差不多了，我才去看她，而那已經是三十天以後的事了。當我終於看到她時，她看來就像個集中營的受害者——手肘比手臂還粗，膝蓋比腿還大。我哭著走出醫院，因為我媽看來就像我爸死前時的模樣。我確定她只剩下幾天可活。我將會孤孤單單一個人在世上。我好傷心。可是，有件事是我所不知道的，因此我沒有把希望放在它上面。那就是我媽的態度和精神。她可不會被癌症給扳倒。醫生讓她受盡所有的痛苦——開刀、放射線、重組體內管道，還毀了她一個腎臟，然後讓她得尿在一個連在臀部上的袋子裡。他們對她又是糊又是縫的，然後把她給黏了回去。

現在三十一年後，我媽八十八歲，體能比小她二十歲的人還好。

我希望這個故事不會太刺激。我提到這些是因為，我知道我媽活下來並康復最大的因素之一是她的態度和精神。而就我的觀察，你也充分具有這些特質。你的手術將會非常難受，也是場戰鬥，但我有信心你會扳倒病魔，並以此為榮。

祝你幸運。我們改天再聊。

我打電話給他，向他道謝，卻發現他寄信後一直在擔心是否冒犯了我。他擔心自己做出這麼私人的舉動可能會跨越我們工作關係上的某種界線。我告訴他，事情完全相反，我深受他的舉動而感動。

在等待開刀的幾個星期中，我開始擔心自己的工作能力。突然間我發現協議租約不是那麼的重要。我喜歡我的工作，薪水也很不錯，但我害怕自己沒有盡力去做，因為現在生活中顯然有其他比工作還來得重要的事。幸運的是，我在診斷出來後很快就動了手術，因此能帶著新的眼光返回工作崗位。我發現並不是工作有多麼重要，重要的是我帶到工作上的東西。由於罹患癌症，並且有客户和全然陌生的人幫助我度過抗癌的日子，我從來沒有比現在更清楚，我們不只是我們所擔任的角色而已。再怎樣我們都是個人。我認為以這種方式看別人讓我成為一個更好的員工，因為今天當我和房客協商時，我比以前更考慮到對方是坐在桌子對面的另一個人。

當人們接到壞消息時，有時候他們並不想聽你說你的故事。他們需要你聆聽他們的故事或恐懼。然而，這個故事告訴我們，你可以誠摯地用某種方法分享一件發生在你身上的事，而這也許能讓別人生出力量。這個故事還告訴我們，時機和尊重對方隱私的重要。藉由花時間親筆寫一封信，並等上幾天，讓對方有機會私下接收到他的想法，克莉絲汀的客戶展示出對她的感受的體貼，並尊重他並不是真的很瞭解她的這個事實。

一如克莉絲汀所發現的，最重要的是記得，在電話、桌子、電腦或信那頭的人，不只是他所做的工作或被指派的職場角色。那是個人，是我們可以進行療效對話的人，只要記得我們雙方都不只是我們的工作所能代表。

讚美生命

❖ ❖ ❖

↓爲了家裡的疑難向同事求助↑

你如何請一位你還不是很熟的同事幫忙解決家裡的問題？金有天在工作上就試著去做這種事，她向一位同事求助，幫她在失落的世界得以找到方向。她的故事提醒我們，同事之間除了爲同一家公司工作以外，還可以分享更多的事。

當時，我爸爸的忌日就快到了，而我正想找一個方法紀念他。他十一個月前因為腦癌過逝。我不記得我和同事的對話是怎麼開始的，但在認識這位新同事的過程中，我發現她已失去雙親。我問她是如何度過紀念日的。她建議說，與其老是哀悼一個人的死亡，有的人在忌日時藉由讚美這個人的人生而得到慰藉。她解釋說，這就是為何有人在忌日時種樹，以作為生命永存的象徵。她還給了我一些其他的建議，每個都很有用且引人深思。

我爸爸對我而言是個非常好的父親。我是家中七個小孩最小的一個，上面有四個年紀大我很多的哥哥。我想我從不真的需要我爸爸做我的「爸爸」，因為我的哥哥們總是搶著擔任那個角色。於是，我爸爸從爸爸的角色轉變成我最好的朋友之一。我們在各方面興趣相投，尤其是在運動方面。我們一起騎自行車，一起游泳，一起打網球（我在他七十歲高齡時，教會他打網球）。僅僅是讓我談他的事，我的同事就幫助我瞭解，原來我渴望為我父親做點什麼以表彰他的生命，因為對我來說，生命就是他的象徵。

我打電話給我媽媽還有哥哥姊姊們，他們也同意種一棵樹是個很棒的想法。我們安排把樹種在一個很美麗的公園。那棵樹以後將俯瞰水面和船屋，兩者都是他生前所珍視的東西，因為他是個水手。雖然，這顆小樹在一個不斷吹著風的地方能否存活還是個疑問，我知道就該是這個地點沒錯。以風來紀念我爸爸是絕對必要的。

幾個月後，我奇蹟似的發現自己懷孕了。我說「奇蹟似的」是因為我不久前才被告知自己不可能有小孩。我沒有把懷孕的時間和種樹聯想在一塊，直到懷胎五個月時，超音波檢驗師計算出我受孕的日期是十月十日，而那正是我們種樹的當天！

當我女兒十二個月大左右，我們試著懷第二個小孩，但由於同樣的生理問題我們失敗了。於是，我向父親和上帝祈禱。就在快要到十月十日時，我感覺到無比的平靜。我對先生說：「我們要懷寶寶的時候到了。」九個月後，我第二個小孩在他姊姊兩歲生日時誕生。今天，我們有了三個孩子。如果不是有位貼心的同事願意聆聽，並讓我走入她的人生，我不確定這些是否都會發生。

我們工作上的大家庭可能以我們所不瞭解的方式成爲我們的資源。金沒有想到，自己竟然在和一位不太熟的同事聊天時獲得慰藉。你不需要瞭解對方的家庭，就能對一位正歷經人生某次變遷的同事提供支持，而這可能與他們緬懷父親或母親的生命有關。你需要的只是以一個溫和的問題讓同事談起她的私人生活：「告訴我你父親的事。對他來說重要的是什麼，他又是如何和你共渡他的人生？」只是讓金談起這些回憶，便能幫助她的家人發現一個紀念父親的最佳方式。當別人問起你的故事，告訴他們你也曾經有過一樣的困擾，這或許會以你永遠也想像不到的方式令他們的精神爲之一振。

→慰問員工←

我只是想表達出我的關心

❖ ❖ ❖

「我的助理明天就要回來了，而我一直在想，當她走進來時我要和她說什麼。她的祖母剛剛過逝，而她沒有趕得及見祖母最後一面。也許這是我的錯。我們那時正趕著進行一些排定的工作，好讓她能休個假。她的親戚也沒有告訴她祖母已經快要死了，只說她的健康情形惡化。」

「我坐在這裡，發現這和我以及我的感受無關，而是和我的助理以及我能對她說什麼有關。我事實上就坐這在裡思考著，也許我該問她：『喪禮的情況如何？』然後又覺得這是多麼愚蠢的問題——我又不是在問電影的觀後感想！也許我該問她：『那麼，你的感覺如何？』喔！如果有人這麼問我，我會說什麼？我才不會告訴你我的感受，笨蛋！還是我什麼都不要說，等幾個小時過後，再開始談公事？幫我個忙吧！爲什麼這個會這麼困難？」

這場對話發生在我給資深經理上課的時候。我順道拜訪了業務經理瑪琳的辦公室，而她在不知不覺中就把她面對一位員工時的兩難告訴我。我們就她如何向別人表達她的眞心話談了一會。當你有疑問時，說眞心話是個很好的選擇。我問她是否能這樣說：「我完全不曉得你現在的感受如何。我沒有這個立場去猜測，但要是你想和我分享任何有關喪禮、你祖母，或你的感受的事，我很願意聽，因爲我很關心你。如果你現在不想談，那也沒有關係。我只想讓你知道我很關心。」

「對喔，」她說，「我可以告訴她我不知道要說什麼，因爲這是事實。我希望能告訴她，我對這件事感到不安或有點不知所措。」

「是啊，」我說，「大多數的人大概永遠也不會學到要如何坦然面對這類的失落。不論你想安慰的人是誰，只要你能誠實地說出自己因爲不曉得該說什麼而忐忑不安，就會對事情有幫助。他們會感謝你的誠懇。」

然後，瑪琳補充說道：「我們正試著讓員工幫助我們帶領公司成長，方法就是讓員工知道他們對我們很重要。但實際上發生了什麼呢？當他們遇上車禍、離婚，還是家中有人過逝時，只因爲我們不知道該說什麼，我們就什麼都不說，或說些很不著邊際的話，以致於他們根本不曉得我們是眞的在關心。我們需要有人教我們該說什麼和如何去說……以及不要說些什麼。也許我們應該談談如何只是聆聽，而不要對表達我們的關心感到如此不安。不就是這樣嗎？」

「沒錯，」我回答，「我還可以告訴你，當他人祖母過逝時你最好不要說的話。我們常常未經思考就問某個才剛失去祖父母的人：『她活到幾歲？』然後我們會說：『呃，至少她很長壽。』我們是好意，但我們不瞭解對一個才剛失去奶奶或爺爺的人，他們活到幾歲並不是重點。重點在於所愛的人走了，一種生活方式或是慰藉的來源也跟著失去了。他們比較能夠接受的是聽到這樣的問題：『你想跟我談談你祖母的什麼特別的事嗎？』或者你可以問：『你們很相像嗎？』這類的問題可以讓對方停下來想一想，然後，若是他們有那個心情的話，就會告訴你一些關於他們仍然深愛的人的事。」

在慰問面臨親朋好友過逝的員工或同事時，還有另一個需要注意的事。當你的員工或同事在過了幾個月後仍然無法接受失去一位朋友或家人時，你要對他說什麼呢？有好幾個人對我提出這個問題，因為他們有個同事在經歷死亡事件後，訴說工作對他再也不那麼重要了。這個態度可能令人困擾，尤其是在工作堆積如山之際。然而，如果你停下片刻，你可能會瞭解這場死別正啓發那個人問自己這個問題：「我的生命中什麼才是**真正**重要的？」

哀傷的人可能會覺得，他們的人生從以前到現在並沒有什麼值得驕傲的。你也可能聽到他們說要延後實現自己的夢想或乾脆完全放棄。你可能發現自己在悄悄地提醒他們有關他們對自己、對別人，或對公司曾做過的重要事情。一個人的死亡會讓我們重新考慮我們餘生要做的事，這是屬於哀悼過程中正常的一部分。

悲傷沒有期限。你必須盡力在公司和員工的需求中間取得平衡。如果你覺得「什麼都不重要了」的態度讓員工的表現退步，你可以提議暫時調整那位員工的職責。你也可以問他要不要休個假，讓他能夠仔細思考是否想對自己的人生做出重大的改變。或者如果你的公司有留職停薪的政策的話，這也許更爲合宜也不一定。

我們可能誤以爲經過一段時間後，人們應該能「忘了」所愛的人的死亡。然而，我們每個人面對死亡的方式都不同。朋友的死可能較之於父母親的死對我們的影響更大。在「我的人生都在幹嘛」這個問題得到答案以前，可能要先經過幾個星期或幾個月。幫助悲傷的員工暫時調整工作量，就能顯現出你對維繫良性工作環境的承諾，在這個環境中，個人的困擾不會被視而不見或被別人在背後竊竊私語。同樣的情形可能發生在我們每個人身上，而在我們試著掌握何者才是人生的重點時，可能暫時無法專心工作。我們只能希望，如果我們沒有意識到自己的悲傷已經影響到其他的人，我們的上司或同事能慈悲地幫助我們找到我們的路。

面對同仁之死

向保羅·充格斯致敬

有的時候，人無法立刻察覺到自己有些什麼感受。在有位同事不幸死亡之後，你的朋友和家人打電話來問候，可是你卻還沒準備好要談這件事，你會怎麼對他們表達呢？你想對他們慰問的電話做出回應，但你還沒做好準備要對其他人解釋這位同事對你的意義——這也許是因爲你現在才開始瞭解，他對你的人生造成多麼巨大的影響。

一九九七年一月二十六日，一位對塑造我的人生貢獻頗大的人，年紀輕輕地就與世長辭了。這個人就是前美國麻州參議員保羅·充格斯。他曾是我的頂頭上司。我在二十三歲時幫他競選參議員。那時他教導我們大家，只要信賴自己的直覺就能發揮出無限的力量。保羅死後沒有多久，很多朋友打電話來問我的心情，但我那時太過悲傷而無法在電話上說什麼。不過，隔了幾天，我還是寫下一篇勉強算得上是頌辭的文章，並與朋友和他的家人分享。

向保羅．充格斯致敬：活躍的人生

保羅．充格斯教我對自己所相信的事要有擔當，即使這件事並不受人歡迎。他教我，即使是權力在握的人也要能承認自己的錯誤，而且還是公開承認。他教我在往上爬時要對別人好，因為你下來時會再次看到這些人。他還教我要身處比自己更聰明的人之中，如此我才會學到東西，而他們也能有所貢獻。他從不放棄，就算運勢不佳也不放棄，你可以從他兩次接受骨髓移植以對抗討厭的非霍奇金氏淋巴瘤看到這一點。因此上週他過世時，沒有人相信這是個事實，畢竟他已經超過醫生的預測，多活了好些年。

他在五十六歲生日前不久辭世，而他的死亡乃是不可思議的生命贈禮。多奇怪啊，我們在失去他的同時卻得到一些洞見和新的願景。他的小女兒茉莉在頌辭中告訴我們，其他人會想念她爸爸這位政治人物，而她則會想念一個在英式鬆餅上塗滿奶油和果醬的男人，一個在她五年級的某天，帶著垃圾袋要大家撿起學校周遭垃圾、令她感到難為情的男人。回顧過去，她現在明瞭，他那麼做是為了讓她也能參與做好事。「最後，」她說，「我會單純地思念我的爸爸。」

保羅的二女兒凱提娜則告訴我們，直到她父親過逝好幾天後，她才瞭解為何有這麼多的人認為她爸爸是個很棒的人。她說她但願自己在還能跟他表達的時候就瞭解這一點。另外，比大多數人還要接近保羅的人是丹尼斯，他既是保羅的朋友，也是他的法律顧問和競選策劃。他告訴我們，他現在瞭解保羅並不像那些歷史課本上你所尊敬的英雄。保羅是個活生生的英雄。丹尼斯但願自己在保羅生前就這麼告訴他。「我很慶幸，」他補充說，「我在他生前就告訴他我愛他。」

有時候，只有在某個人走了以後，我們才發現這個人是怎樣的一個人。這真是令人懊悔。

我感謝朋友的包容，他們接受我在他們剛打電話來時說不出話的情形。那時我們才剛失去保羅，他的逝世又影響深遠。不過我必須讓朋友安心，讓他們知道打電話來問候我是沒有問題的，以後我一定能開口談這件事。這是從一通關懷的電話展開療效對話的例子。朋友體貼地對我寄去的信稍後再做出回應，因此讓我們之間的療效對話得以繼續進行。他們有幾個人和我分享他們自己與保羅的故事，告訴我保羅的生活方式如何啓發了他們，這意外地給了我一些安慰。

假使朋友和家人沒有給我一些時間，讓我能夠思考自己從這位很久以前我曾爲他工作的人身上學到什麼，我想我無法如此瞭解我的悲傷。他們接受我不知所措了好幾天，並瞭解我並不需要和人講電話。如果你試著安慰的人不太想談他的失落，你能做的是給他們一些思考的時間。你也可以寫信告訴他們，你在他們身上看到了已逝的人帶給他們的是什麼樣的影響。

讓記憶長存的字條

❖ ❖ ❖

→給孩子們的一封信←

我們要如何寫一張同情的字條給同事的家人，特別是在對方並不認識我們時？或許他們並不知道，他們的爸爸、姊妹、媽媽或兄弟對我們的意義何其重大。關於這一點，我們要和他們分享多少呢？什麼才能給予他們慰藉？

這些年來，我寫了許多字條給一些我不認識的人，我和他們都爲了失去某個人而難過。有位亡友的家人要求我在書中刊出這張字條，以提醒他們在父親過逝時所學到的事，那就是當陌生人分享與逝者的過往經驗，就能幫助逝者在大家的心中長存。

致諾曼・納丹的家人：

當我到WEEI/CBS新聞電台擔任生平第一個真正的工作時，我才剛從大學畢業。那間新聞播報室裡的壓力大到極點。每小時要播報三十分鐘的新聞。如果身為新手的你能力不足，動作不夠快，沒有及時寫出新聞報導的話，導播就會對著你尖叫，這樣播報人員才不會沒有稿子可以唸。

不過，其中有位播報員似乎懂得**人性**，而不僅是人所做出來的**事**。當他稿子都唸完了以後，他只是從新聞播報室的門口探出頭來，然後禮貌地告訴你，當你準備好時，他需要多拿一點稿子。然後他會微微一笑，知道你在盡最大努力做事，並把你視作團隊的一份子，叫你「穩住，我們辦得到的」。

第一份工作總是會留下難以磨滅的印象。有的人留下的是傷痕，有的則是一生的習慣。而在我來說，參與諾曼的世界是個成為可造之材的機會。因為我有這麼一位老師用幽默、關心和通情達理來塑造我。

我們都受益於諾曼對簡單的事和簡單的人也能感到歡樂的能力。而他優雅和紳士的方式讓我想起，他知道生命中什麼才是真正重要的，不是什麼人重要，而是什麼**事情**重要，例如友誼、分享、教導、耐性和對價值觀的堅持。

我祝福你們大家找到自己的方式，適應諾曼以新的方式存在於你的生命和生活之中。

你無須是個作家，就能讓某個人的家人知道那個人何以對你意義重大。你要做的只是告訴他們一個故事。我們都有自己的故事可說。畢竟，我們許多人與職場上的「家人」所相處的時間，是多於和家人在一起的時間。相對於同事在家裡的生活，我們可能看到這位曾是我們的上司、老師、批判者或甚至在某個場合救我們一命的人的不同一面。在寫慰問字條時，請考慮和對方分享一個故事，內容是關於特別的一天，一個值得紀念的時刻，或那個人所教給你的事。不要不好意思說出事實，或者你也可以發揮一點幽默感，只要寫出你心中的話。如此，不論你寫的內容是什麼，都能提供別人好多年的慰藉與洞察力。

省思

❖ ❖ ❖

↓也許這是我的工作：刻意仁慈↑

當你在工作的時候，碰上有個客戶需要你的幫忙，但他要求你做的卻超出你的職務範圍，你要對他說什麼呢？你能想起自己需要陌生人——也許是空服員、保險理賠人員、醫生或律師的櫃檯人員、計程車司機或某間店員——幫忙的時候，你所需要的不只是可遇而不可求的好心嗎？你需要對方做的是超越他所受的訓練，並且聆聽超過他被公司要求要聽的內容。

每天，男男女女起床上班，去做他們認為自己領錢要做的事。我們有些人做的是所謂助人的專業，例如心理治療師、治療者、老師、教練、律師、輔導員，凡是有人難過時，別人就會認為我們應該知道要做什麼，也知道該說的話。我們並非永遠都能做到最好最正確，但至少我們知道，陪伴他們是我們工作的一部分。

但如果你是在電話的另一端，而你的工作多少只是把事做好就好？或許你是個保險理賠人員，就你而言，你的職責就是要趕快獲得所有車禍的相關資料。或許你在電話公司上班，只不過負責終止某個要搬走的家庭的電話服務？沒什麼大不了，你想，只是取得新住址和轉接的號碼就沒事了。或許你覺得自己在搬家公司的工作是預設好了的，就是盡量有效率地把箱子搬上卡車。或者你是房地產經紀人的話，要做的就是以最好的價錢出租房子。又或者你是接待人員，幫助病患辦理掛號，而要是醫生遲到了，你就盡量應付病人。

然而，當電話另一頭或排在你面前隊伍的第一個人（不管是客人、病人或客戶）需要的不只是這樣，那會發生什麼情形呢？那也許不是你受訓要做的事，或許你必須打破成規或與主管談談，以想辦法處理一項你從未遇過的狀況。是什麼讓你在那個片刻超越你所受的訓練，或做出你在平常的情況下不會去做的事呢？

如果我們能用時間關心別人，即使這看來不像是我們的工作，就可能改變那個人對你公司或組織的感覺——而且是一輩子的。有家公司有天就是這樣贏得了一位新客戶，而這全都歸功於一位員工的好心。我以前並未對那家公司有特別的印象，而且曾費力地在它的競爭對手那裡購買服務，但在那天之後，不管什麼情形，那家公司都會做到我的生意。

那天，我及時抵達機場準備搭一班早上七點的飛機，但卻發現班機被取消了。我只有一個人，還帶著許多匆忙打包的箱子和袋子。如果在那個忙碌的星期五早上不能搭上飛機，我就沒別的地方可去。三位苦惱的票務人員替大約二百位焦急的旅客重訂機位。我感覺自己很脆弱，但決定保持樂觀，相信自己終究會得到一個機位。然而實際上，我的鎮定不堪一擊。

當我在另一家航空公司訂好機位後，我幾乎沒有時間找搬運工幫我搬行李，而且還要趕著半哩路跑到下一個航空站報到。當我好不容易到達那裡時，該航空公司票務員看著我的機票皺起眉頭。「我們不能接受這個。那家航空公司沒有在上面簽說要轉給我們，」他說得理所當然。「你必須回去叫他們簽字，」他說，把票遞回給我。

可是，還有二十分鐘飛機就要起飛了！

「喔！糟了，」我喃喃說道，「幫我重新訂位的人說她以前從沒有做過這個。她是新來的，平常只是幫人辦理報到。另一個人在訓練她，但那邊一團混亂，難怪她不知道要做什麼。」

「呃，你必須讓他們在這上面簽字，」他堅持說，並指向我剛來時的方向，那時我差點就要失控了。對他來說，我不過是另一個有問題的旅客。這不是他的問題，不是他的錯。我只能自己處理。但我沒有足夠的時間，拖著所有行李回到另一間航空公司，而且也不能保證我那天還能搭上其他飛機。我的聲音顫抖著，向他解釋我在沒有預期到的情形下要搬離本州，因為我才剛結束一段很難過的戀情，而且必須匆匆忙忙地離家而去。我在這座城市沒有別的地方可以落腳，我需要搭上一班飛機。他能不能幫我的忙呢？

在那瞬間，他拋下公事公辦的態度，並軟化了下來。他正眼看著我，宛如第一次看到我——不只是另一個有愚蠢機票問題的旅客，而是一個人。他拿回那張機票，撥了電話給原先那家航空公司，說明問題的所在，並要求該公司派人立刻過來授權機票的轉移。由於登機門與票務櫃檯非常遙遠，他發現我可能錯過這班飛機，於是他又打電話給登機門的票務人員，並請他們在必要時延長一兩分鐘再關上登機門，因為有個乘客正趕著過去。我確實是這架飛機最後一位乘客。那一天，這位票務人員超越他的職責，並實現了公司的廣告標語：「飛行於友善的天空。」

不管你賴以維生的工作是什麼，你永遠也無法預期何時會有機會幫助一位真正需要的人。你可能需要改變你的聲調，看著他的眼睛，才能瞭解有什麼不對勁，因為乍看之下，他好像沒有什麼問題。如果你在電話上，這可能意味著放慢速度，不要那麼有效率詢問客人公事上的問題，以便能聽到更多對方正在說的話，以及他的感受。你可能需要讓他等一下，或請他先站在一旁，等你與同事或主管商量，看看要如何在這個特殊的情況下伸出援手。

哪些動作可能意外地提供了更多援助，而不只一個蓋章、一份授權書、一杯咖啡或文件申請？以下是一些例子：

- 花時間瞭解你多害怕再次開車，以及你在沒有車子的情形下覺得有多麼不方便的保險理賠員。
- 當你在哭的時候，不會大驚小怪，而且不須你要求就會拿杯水給你，並小聲地問你有什麼是他可以幫忙的空服員。
- 知道你要離婚了，因此小心不要拿到任何即將成為你前夫或前妻之人的東西的搬家工人。
- 知道你們的關係結束了，或是你母親過逝了，或是你失去工作而且必須搬家了，因而在幫你結束戶頭時停止「公事公辦」態度的銀行櫃檯人員。
- 當你探望住在醫院的親戚時，問你有什麼是他可以幫你處理的飯店門房。
- 主動連繫你急著要找的人，請對方回電給你的祕書。
- 在緊急事件中幫你展延你的信用，並表達希望一切順利而且會掛念著你的客服人員。

・用時間瞭解你對那天要寄出去的信或包裹有多麼悲傷的郵局人員。
・當你必須緊急趕到另一個地方時，盡力幫你弄到最好票價的票務人員。
・當你才搬進新的城鎮就突然生病而不曉得要找哪個醫生時，暫停照處方開藥的工作，並告訴你一些當地醫生名字的藥劑師。
・**不管是哪一行哪一業**，在聽到你說自己正面臨困難時，不敷衍了事地跟你說：「謝謝你打電話來某某公司。今天我還能為你做些什麼嗎？」而改口說這樣的話：「我會掛念著你的。」或是，「我很遺憾你發生了這種事。」或是，「我衷心希望你的情況會好轉。」或只是簡單的一句，「我瞭解這對你而言是個很困難的時期。」

我們不曉得哪一天哪個人會走進我們的人生。他們可能需要我們的幫助，但乍看之下卻完全不是那麼一回事。他們可能意外地瀕臨崩潰，而我們只是在一開始時不智地以一視同仁的態度對待他們。在不知情的情況下我們觸動了他們的難過，而他們在求助時則可能會態度無禮或六神無主。他們可能會哭泣、生氣、困惑，或為了不是我們的錯而準備責怪我們。這是為何我們需要移轉的能力——不要把他們的反應或這個情形當作是針對我們而來。同時，如果我們能稍作停頓，就能瞭解我們面對的每個人都不只是另一位客人、客戶、病患或賓客——每個人都有自己問題，而在開始時這個問題是超越他（或我們）的處理能力。你可以把你們之間的能量轉移，只要聲明：「我很抱歉。我剛剛並不知道你發生的事。讓我看看有什麼我們可以做的。」或是說：「聽起來你發生了很多事。我不確定能做什麼，但我會去看看幾條路子是否行得通。」

有時候，只要有人注意到我們的狀況，就能讓我們的精神好一點。我們可能會向你求助，而你或許可以想盡辦法幫忙；有時候我們可能不會開口求援，而你的體貼則可為我們內在的空虛帶來溫暖。一個花時間關心別人的員工，不只會對自己的工作有很好的感覺，他實際上是用傳播善意的方式來提升公司的口碑。你的客人也會像我這麼對別人說：「你能相信嗎？在我連他們家公司的機票都沒有時，那位票務人員對我有多好嗎？我不過是從競爭對手公司的便宜機位轉過來的旅客而已。」

- 是什麼讓你不能好好停下來，思考對方的生活可能發生了什麼事？
- 如何才能壓下你的好奇，不去問對方身上發生了什麼事，讓他或你的生活好過一點？
- 你必須做些什麼，才能放慢速度以聆聽對方正在說的話、沒說出口的話，以及（如果他們肯告訴你的話）那些正在困擾他們的事物？

Chapter Ⅳ

過渡時期：心理、精神、身體與靈魂

我們要離婚了

→察覺那些你可能並不瞭解的事←

「我要離婚了。」當聽到別人這麼說的時候，我們可能會覺得自己口拙到了極點，不曉得該如何做出反應。我們可能會一直想，到底是哪裡出了問題，他們真的要結束婚姻關係了嗎？我們也可能偷偷地想：「怎麼現在才想要離婚？」而當威爾把他的故事告訴我以後，我深刻地瞭解到：原來，對一個面臨破裂的家庭來說，其他人的反應扮演著相當重要的角色。用威爾的話來說，就是「如果有人能幫助我的小孩，讓他們知道在父母離婚後，他們還是受爸媽疼愛的，」這將是一件非常重要的支持。

有一天，我老婆抬起頭來看著我，然後說：「我不想繼續過這樣的婚姻生活了。」就我而言，離婚這種想法根本就不成立，我的生活裡沒有離婚這個字眼。當時我並不曉得她有外遇，我只知道她不快樂。這些年當中，每隔一陣子，她就會跟我說她很寂寞。由於我的工作常常要離開家，因此我表示要多花點時間在家裡陪她。「不是這樣，」她說，但又說不出來她要我做些什麼以解決這個問題。於是我們就這樣繼續過日子，並養育了四個很棒的小孩。

我老婆和我用了八個月試著解決問題。在第九個月時，我發現她的出軌。她要求離婚，但我說，外遇不見得就是婚姻的末日。我們能想出辦法來解決問題的。可是她終究還是搬了出去。

幾個月來，我的感情世界就像是在坐雲霄飛車一樣起起伏伏。有時候我會滿懷希望地開車去工作，認為我們或許能把問題解決，因為最近我們兩人之間還是出現了一些美好的事。但隔一天，我又會想要開車衝撞橋墩，因為那件我以為可以讓我們重修舊好的事情又失去作用了。我盡量去做好我的工作，畢竟，我底下還有五百個員工。但對於工作上的漫天流言，我卻全然無法防備。竟然有人傳說，我對工作心不在焉是因為我和某個同事搞外遇！甚至還有人以為我嗑藥，或以為我生病了。我不想把我的私生活公諸於世。我從來不知道在不瞭解情形下，人們會妄下斷語。這對我所造成的傷害，幾乎和老婆出軌不相上下。這是另一種對信賴的背叛。

「在這段期間裡，所有的事情好像都超出你的掌握，」我說。「是什麼幫助你面對太太、小孩和同事？」我問。

有三件事情很重要。第一，我問自己，當能說的和能做的都說了也都做了，我對離婚這段過程還有什麼未竟的承諾？答案就是我要陪著孩子們一起度過。每當我需要做出困難的決定時，我就把重點放在什麼才能讓孩子們覺得自己是被愛且有安全感的。這就是為何最後是我搬出去，讓我老婆搬回家來。即使我老婆有外遇，我還是讓出了我的房子。因為最重要的是，不要讓我的孩子經歷搬家的動盪。朋友們覺得我被太太欺騙了，怎麼還能這麼讓步。他們過了好一陣子才瞭解到，孩子是我最優先的考量。

第二，我的心理治療師極力推薦我閱讀一本書，書名叫做《瘋狂時期：走出離婚陰影並建立新的生活》(*Crazy Time: Surviving Divorce and Rebuilding a New Life*)，作者是艾比嘉．崔佛特（Abigail Trafford）。這本書幫助我瞭解到自己到底處在什麼樣的處境。它告訴我，我的婚姻走到了哪一個階段——從僵局到分離到震驚，然後是憤怒、愛恨交加、憂鬱、鬆口氣和自我的浮現等等。這本書讓我感到安心，因為只要我繼續努力，不要困在某個階段，我就可以走出難關。

第三，我開始為我老婆不快樂的原因負起一些責任。我停止責備她。我不再去想她對我做了什麼。她並沒有對我做什麼。我當然有權利生氣、覺得受到傷害，並且不知所措，但我也必須承認，另外有個人懂得如何給她那些她不知如何才能從我這裡得到、而當時的我也不知要如何付出的東西。

「離婚過程中最困難的是哪個部分？」我問。

最困難的就是叫我的朋友和家人停止批評我老婆。我必須一直解釋，雖然她的出軌讓我很難過，但我多少能體諒她做出這種事的原因。有人會對我說：「我不能理解，她怎麼能對你做出這種事。」或是：「為什麼她還會想要別的男人？」但這些話一點用處也沒有。我知道他們想讓我覺得自己是個被害人，但他們的評語只會讓我想要替她辯護。朋友需要瞭解，不管他們選擇的是哪一邊，選邊站是幫不了我們的。畢竟對方還是我孩子的媽。

威爾從這段經歷中得到的不只是痛苦，還有以前不曾有過的瞭悟。

我花了十年的時間才瞭解為什麼我的婚姻會破碎。在我掙扎著尋找一些問題的答案時，我的朋友一直陪在我的身邊。他們的支持幫助我學到一件事。而最近當我兒子的戀情也開始出現問題時，我就把這件事教給了他。「即使很困難，你也要和你女朋友談一談，」我告訴他，「不要像我對你媽所做的：轉頭就跑。我和你媽在離婚很多年後，才學到要怎麼進行這些對話。如果我們早點學會……誰知道情形會變得怎麼樣呢？」

當你陪伴一位面對離婚過程的朋友，不管這個人是還未離婚、正在辦離婚手續或是已經離了婚，以下是一些有用的指導原則：

- 試著抗拒自己不吐不快的慾望，不要說出你對他們的配偶這些年來的想法。至少不要在這個時候說。他們當然可以說任何前夫或前妻的壞話，但要安慰他們的人可不行。
- 你可能會納悶，這對夫妻為什麼要結婚，或者他們怎麼能在一起這麼久。他們自己可能也在想同樣的事。所以你還是要讓他們傾訴，而不要表示自己的意見。倘若之後他們又不想離婚了，不用驚慌，這是很正常的事。

• 當他們終於離了婚，請不要向他們說恭喜。或許因為事情終於結束了，他們覺得鬆了一口氣，但不是每個人都覺得這是值得恭賀的事。

• 請不要問剛離婚的人是否還在和對方約會。他們要是想告訴你這個，他們自己會說的。

• 你可能想知道，對於離婚過程的種種，他們是否領略了一些洞見，還是再也不敢踏入婚姻之中。他們可能也在想同樣的事。你可以這樣跟他們說：「我想知道，回顧過去，你現在有些什麼樣的想法。」然後安靜地聆聽。如果他們想要分享任何見解或恐懼，他們會與你分享的。如果他們不想這麼做，至少也會讓你知道。

有些人發現，我們很難接受自己變成「離婚人士」。我們不想在醫療、銀行帳戶、保險、貸款等文件上的這個項目上打勾。因爲這樣一來，我們會感覺自己像是統計數字中的一個，而且還帶有污名。我們是「單身」、「未婚」還是「離婚人士」呢？不論是塡寫這些文件還是塡補情感上的空隙，我們都需要時間去慢慢地適應新的局面。

當個朋友，而不是英雄

→幫助別人面對語言傷害←

❖ ❖ ❖

當個朋友，而不是英雄。這是某天晚上亞伯特要求自己必須提醒自己的事。那晚，夏娃來找他談她的新男友。她告訴亞伯特，她經歷了一些令她無法意想到的恐怖場面。以下夏娃和亞伯特的故事告訴我們，如何幫助別人從無意識的被害者轉變成浩劫餘生者，並最終走出傷害。

「我不明白，」夏娃告訴亞伯特，她剛認識她男友的時候他看起來很有教養而且溫柔。「但突然間，他顯露出另外的一面，」她悲傷地說，「他會變得很生氣或不斷譏諷，只爲了我做了或說了一些小事情而駁斥我。可是我不明白自己到底做錯了什麼。或者有時他會變得很安靜，也不讓我知道他爲什麼這麼生氣。而爲了避免做出讓他生氣的事或說出不對的話，我覺得自己整個人都不對勁了。我以前談戀愛的時候從來沒有這樣，我不確定自己該怎麼做。」

「再說得仔細一點，」亞伯特說，他知道自己要慢慢來，否則會無法控制聽到這件事的憤怒反應。他腦中警鈴聲大作，擔心她可能置身於危險之中。

「我手下有位員工因爲在一項專案上表現最好而贏得了一場競賽，」夏娃解釋說，「獎品是和上司出去吃一頓午餐。我告訴約翰這件事，還對我的員工贏得這場比賽感到很驕傲。可是約翰的脾氣卻發作了，他說：『我不准你單獨和另一個男人出去吃午餐！』我試著解釋這只是頓午餐，而且也是獎項的一部分，但他就是不肯聽。要我和主管提這件事會讓我感到很難爲情，但我想，沒關係，如果這對約翰來說這麼重要，那好，我就再帶一個人隨行。不過，我還是覺得不太對勁。在工作上和一位男性同事一起吃頓午餐實在是最平常不過的事。」

「聽起來，約翰好像喜歡發號施令，」亞伯特說，試著讓她瞭解，她所發現的端倪。

「呃，沒錯，他要我照他的方式鋪床；他告訴我，在他媽死後，不可以擁抱他的兄弟；他還教我怎麼穿衣服。我都已經三十七歲了，還是個成功的高層主管，但一夕之間，據他所說，我卻變成一個多做多錯少做少錯的人。我平常所做的事——就是做我自己——通通不對。所以我不由得懷疑起自己，是否他是對的，而我這些年來都做錯了。」

亞伯特很想罵一句：「狗屎蛋！」但他忍了下來。曾任幾家大公司副總裁的夏娃過去一直帶有健康的自信，但現在卻變成這個樣子。再多觀察一些小地方，亞伯特暗自想著，因爲她說的事和我讀過的案例很像。我不想讓她太緊張，但我必須要問一個很難問的問題：「妳認爲他有天會動手打你嗎？」

「我也不曉得。他會突然間就變得好生氣，我像是踩到了地雷一樣，他就這麼爆發了。不然他會變得很安靜，當我問他我做錯了什麼，他只會告訴我：『你自己想。』要是我試著解釋或不同意他的解讀，他就會變得更火大。有時候我覺得繼續待在屋子裡不太安全。我想我快要瘋了，因爲他會一直告訴我，我並沒有說那些我說過的話，他也沒有說那些他說出來的話。前天，我開車上班時，覺得自己渾身是傷。我心裡想著：『好奇怪。爲什麼我有種被揍了的感覺，但他根本連碰我一下都沒有？』」

這時候，亞伯特覺得自己聽夠了。他問夏娃是否願意接納一些建議。他希望她能自發性的向人求助。他知道自己並非涉及語言傷害的人際關係專家，但他讀過的資料已足以讓他發現警訊。亞伯特告訴夏娃：「在我聽來，妳是這麼形容你們的關係：『妳很困惑，而且不確定什麼會導致他的脾氣突然爆發。他會對芝麻綠豆的小事生氣，妳則認爲他的反應不太合理。妳已經害怕到有時會想離開屋子。妳對自己再也沒有把握，並覺得妳沒辦法做對任何一件事。妳花了很多時間試著避免讓他生氣。如果妳有不同的意見，他就會駁斥妳。妳覺得自己好像被語言鞭打，而且還留下了妳看不到的傷痕。』」

「是的，」夏娃慢慢地說，她的雙眼大睜，漸漸瞭解自己身上究竟發生了什麼事。「但他眞的很棒……」然後她開始爲男友辯護，提起那些相戀初期的珍貴回憶。「他也有美好的一面。也許這些都會過去，」她補充說，並指出他們只是處於還在瞭解對方的正常調整階段。

「我知道妳很愛他，」亞伯特溫和地說，「我也知道妳希望能繼續和他走下去。大多數的情侶都會有問題，你們可能也只是這樣。不過我希望妳能嚴肅地想想，自己面對的也有可能是另外一種情形。你必須自己做出這個結論。但我希望妳能在這方面下點功夫研究。首先，妳要連上網路，鍵入『語言傷害』這個字眼，然後學著瞭解這個徵狀，看看妳的戀情是否也有類似的徵狀。第二，請妳和一位專門處理語言傷害的心理治療師談談，看看專家怎麼說。如果妳還不覺得有這個必要，那就拿本書，從閱讀開始。」

接著，亞伯特問夏娃是否願意聽聽他兒時的一個經驗。「當然可以，」她說，

如此一來，她可以暫時不去煩惱自己的戀情。

「聽起來，妳面對到的似乎是情感上的欺凌，」亞伯特慢慢地說，眼神看來很遙遠。「妳逐漸失去自信。妳覺得自己不如對方聰明，不如對方強勢，所以妳退一步想要安撫對方，以免發生爭執。假如妳試圖反抗，妳會在口頭上一次又一次地被擊倒。妳想要澄清誤會，卻引發對方連珠砲式的批評。妳慢慢發展出一套保護自己的方法，但這卻讓妳越來越渺小。我以前在學校被人欺負時就是這個樣子。面對欺壓者，妳千萬不可對他示好，並且不要以爲這些都是自己的錯或試著不去激怒他，因爲這並不會改變對方的行爲——這種人需要主宰一切。妳需要做出決定，看看是否要向別人求助。」

夏娃花了兩個月的時間才鼓起勇氣搜尋她所需要的資料。她先在幾個網站上閱覽，在自己隱密的家中開始面對眞相。對於自己先前竟然無法瞭解事實，她至爲震驚。後來，她買了本書，是位名叫派翠西亞·伊凡斯（Patricia Evans）的作者所寫的書，名叫《你這話什麼意思？終結伴侶間的言語傷害》（*The Verbally Relationship: How to Recognize It and How to Response*），並閱讀其他婦女的經驗，她們的經驗聽起來和她自己的很類似。夏娃說，她藉此得到很多安慰，但也感到驚訝不止。她又過了幾個月才和男友分手。她需要時間接受自己無法改變事情。她的朋友跟她說過，這段戀情聽起來不太對勁，因爲她似乎在精神上受到摧殘。她媽媽也替她憂心。但夏娃無法依循他們的警告採取一些行動，因爲她一直相信，她和約翰能找到方法解決問題。

這個故事是有天晚上在夏娃的朋友家中傳出來的。在聽到這個故事後，一位天資聰穎、曾任執行長的人突然開口問道：「爲什麼他對她不好的時候她不立刻走開，並且丟下一句：『我可不會忍受這些，我要走了』？」

「喔！我可以告訴你爲什麼，」另一位高層主管說，他處理過語言傷害對組織內部員工的影響。「語言傷害是很微妙的。它會在某個時間某件事上偷襲你。被傷害的人——通常是女性——常常不曉得究竟發生了什麼事。她會想，如果我做這個或是那個，或是不**做**那個，他就不會再生氣了，事情就會好轉。但實際上卻不是這樣。最初，情形看起來是有個被害者和加害者，但到某個階段，被害者必須站起來，停止感覺自己像是個無助的小孩，並做出她一開始時做不到的成人舉動。她的朋友需要幫助她拿出力量走過這一段路。」

這正是夏娃所做的事。有一天，她終於讓男友知道，他已經做得太過分了。他不准她參與一件工作上相當重要的事，而她決定自己非去不可。兩人的關係就此宣告破裂。她告訴我，幫助她最多的是當朋友告訴她：「我很遺憾這段感情不是如你所願的好好發展下去。我知道你對它懷抱很大的夢想而且也盡了最大的努力。只要我們做得到的，我們都會幫助你。」沒有一個人跟她說：「我早就告訴過你了。」他們瞭解，她無法立刻走出這段關係是因爲她一直認爲事情會有轉圜，畢竟，她和約翰剛開始戀愛的時候曾是多麼地美好。

在試著從情傷中走出來的前面幾個星期，夏娃開始自己折磨自己，並說：「我怎麼會這麼盲目、這麼愚蠢？」有個朋友告訴她：「夏娃，如果你不是到達自己的極限，你不會甘願分手的。現在你會傷心一陣子，而我們會陪你一起展開新的生活。」另外還有一位朋友察覺，她可能把事情看得太過嚴重，因此對她說：「親愛的，你就把它看成是個時間拖了很久的盲目約會嘛！」這句評論確實讓夏娃在痛苦的時候笑了出來，而她當時非常需要笑一下。假如有人對她說：「聽我的話，他是個混蛋。妳値得更好的人來愛你。」這種評論可能是正確的，但卻不會讓痛苦遠離，無法給予夏娃幫助。作朋友的人若能帶著慈悲心來看待她的情人會比較好，因爲他之所以會變成加害人，可能也是出於被害的經驗。有部分的他是她曾經愛過的，不管他對她做了什麼，她可能還是愛著這部分的他。

那個晚上當我聽到這個故事時，我想到的是：當晚室內有好幾個男人與女人，而我們每個人至少都有過一次被語言傷害的經驗。有些人被語言傷害的父母親帶大，有些人在工作上面對過語言傷害，有幾個人受到情人的語言傷害，還有一對男女在受害婦女的收容所裡擔任義工，更有一個人的鄰居曾因爲先生的語言傷害而在他的家裡避避風頭。那個晚上，在大家分享的故事中，加害者有男也有女。我們發現語言傷害其實已經影響到我們每一個人，而大眾又是多麼少去談論這種事，這令我們感到十分震驚。

身爲朋友、鄰居、親戚或同事，如果你想要對語言傷害有比較多的瞭解，派翠西亞·伊凡斯的書《你這話什麼意思?終結伴侶間的言語傷害》、《被語言傷害者的眞情告白：談男女關係和療傷》（*Verbal Abuse Survivors Speak Out: On Relationship and Recovery*），以及《有控制慾的人：如何發現、理解並面對想要控制你的人》（*Controlling People: How to Recognize, Understand, and Deal with People Who Try to Control You*）都值得我們花時間一讀。我訪問了派翠西亞，請她給我們一些指導原則，幫助別人認知語言傷害和如何才能療傷。針對發現語言傷害是否存在於兩人的關係中，她提了以下幾點建議：

- 如果有人告訴你一件讓你覺得很不安的事，你要直接表現出你的驚慌：「喔！不，好恐怖。」讓那個人確認他所經歷到的是**不正常**的事。

・如果有人談到他覺得感情上失衡或感覺自己不太安全，請他隨時過來找你：「萬一你需要有個地方避一下，你可以住我這邊。」

・如果他們聽起來好像被洗腦了，所以才會認為問題都是他們的錯，你要小心不要帶著保護者的語氣，並溫和地把他們的情形和正常情形做一比較：「咦，大多數人在意見不同時不是會討論一番嗎？至少在我家就是這樣。」

至於如何幫助走出語言傷害關係的人療傷，派翠西亞也提出了以下幾點建議：

・你可以對他們說：「我聽說，要走出這種關係是很困難的。要承認發生了什麼事一定很痛苦。」或者你也可以說：「我沒有告訴過你，我也曾經陷在傷害的關係之中。如果你想聽聽我的經驗，哪天我們就來談一談。」

・千萬不要說：「忘了吧！繼續過你的日子。」這等於是否定了他們的感覺，就如同許多被語言傷害的人在聽到加害者說自己「太過敏感」或「不知道自己在說什麼」時所經歷到的一模一樣。所以，你要反過來**試著重建他們的自信心**，方法就是拿一件對你而言很重要的事來請教他們：「我很重視你的想法。請告訴我你對……的看法。」

・你也不要問他們：「你們那時幹嘛不分手？」有許多因素讓他們繼續維持這段關係，包括困惑、希望和恐懼。但最重要的，是因為對方一點一滴的，在他們沒有察覺的情形下，顛覆他們對於自己是誰以及什麼是真實的辨別能力。他們需要你告訴他們一些可以相信的正面的事。當他們訴說自己受傷的經驗時，悄悄地讓他們知道，你對他們是怎麼樣的一個人有不同的體驗：「你的前男友一定說了很多事讓你對自己感到很懷疑。可是在我看來，你是一個有決心、有能力、有創意而且體貼的人……」

遭受過身體或語言傷害的人會告訴你，走出語言所帶來的傷害可能比照顧破皮或折斷的骨頭更花時間。這也是爲何在有人**跳脫**一段語言傷害的關係之後，你不應該一開口就問：「他動手打了你嗎？」就像夏娃所解釋的：「即使他沒有用拳頭揍你，他還是用言語鞭打了你，而這會痛的。」

我不想成爲別人的負擔

→提供喪偶者力量←

「他就這樣丢下我走了，」她幾乎是自言自語地說著，彷彿不能相信這個事實。「我不屬於這裡。我到哪裡都沒有歸屬感。他留下我一個人走了，可是我們在一起已經六十年了。爲什麼我不覺得他已經死了？我覺得他就在我身旁。我無法想像沒有他我要怎麼過活，因爲我覺得他還在這裡。沒有人能瞭解我的感受！」

在某人死亡後那段低氣壓的過渡期，你要如何和死者的家人進行一場療傷的對話呢？如果你和他的親人也不是很熟的話該怎麼辦？我有天下午就碰上這種情形，因爲我的案主傑森請我過去陪伴他的母親和哥哥馬文*。傑森婉轉地表示，也許我能幫助他和哥哥，讓他們不要因爲想不出辦法幫助母親而在她身邊繞個不停。

* 在猶太文化中，家人和朋友會在某個人死亡之後的頭一個星期造訪他家，以提供他的配偶支撐的力量。

我察覺到，傑森的母親無法瞭解爲何其他人不如她這般失落。我確認她的感受，讓她安心：「很少有人像你們兩個這麼親密。對其他人來說他似乎是走了，但對妳而言他卻還在這裡，這一定讓妳感覺很奇怪。」

「沒錯，確實是這樣，」她低聲哭泣。「而且我也不想成爲別人的負擔，」她對兒子們說。她看上去就像是個受驚的小女孩。她的家人四散在全國各個角落，而朋友們則告訴她，他們自己也太過虛弱而無法照顧她。她的脆弱正是她先生當初之所以會同意讓她住進一間生活輔助機構的原因。

我發現，她需要意識到自己的狀況。最好能讓她想起，在她的世界如此失控前，自己曾經是一個什麼樣的人。我溫和地問她：「妳還記得兒子們小的時候，身爲母親的妳擔負了什麼責任嗎?擔負一些因爲是正確所以你必須去做的事?」

「呃，我記得，」她慢慢地說。

「現在就像那個時候，只是反過來變成他們對妳有責任，」我解釋說，「妳不是個負擔，但是個責任。這就是爲什麼他們那麼擔心妳，因爲在幫助妳想出下一步該怎麼辦以前，他們覺得責任未盡。」

「我需要一個星期的時間，讓我能夠實際一點，」她說，語氣變得比較堅強了。「告訴他們，請妳告訴他們不要丟掉我的東西，或者在沒有問過我以前就做出決定。

我還沒死，還是有一些是我很在意的東西，例如我的收音機。他們沒有問我一聲就把它給丟了。」

「媽，」傑森帶著受傷的語氣說，「當時那些人和卡車在那裡等我們。我們必須把所有東西都搬走。」

「沒錯，但你就是沒有問過我。我知道怎麼操作那台收音機。它能接收所有我喜歡聽的電台，而且播放好聽的音樂。」

「媽，我們再給妳買台收音機，」他說，「幫妳搬家的時候，我沒有多想一下。那時一下子要處理好多的事。」

「我很感謝你幫我搬家，兒子。但這不是重點。那台收音機好得很，而我知道怎麼操作它，」她的語氣很堅定。「以後，我希望你碰我的東西前先問我一聲。請你不要自作主張。」

當你要幫別人居中解讀的時候，可能會覺得自己很笨拙。但重要的是，你要記得，不斷重新再說一次每個人所說的話——不要站在哪一邊，而是幫助他們聽清楚對方所說的話。「你的意思是要告訴兒子，當所有的事情在一夕之間改變，包括妳住的地方、妳從此是一個人、妳不再爲了某個人日以繼夜的操心等，那些小東西，好比妳喜歡的收音機，就變得很重要了。妳想要讓他們瞭解，當有東西不見了，妳會感到迷失，而且妳依附著自己所熟悉的一切，不管那是什麼東西。所以，即使妳知道自己不應該開車，也不應該獨自居住在二樓，因爲妳無法爬樓梯，但妳還是依附著所有熟悉的東西，因爲一切好像全都不同了。」

「是的，」她堅定地說，「我還擔心別的事。我擔心在其他也住在生活輔助機構裡的人眼中，我會看起來很愚蠢，因爲我不曉得自己一個人怎麼行動，例如去銀行或付賬單。」

「這太可笑了，」馬文壓著嗓子說，「他們曾經教她如何在銀行辦事，甚至幫她計算帳單。她幹嘛那麼操心？」

我把幾個星期前從一些銀行高層主管那裡學來的事情告訴他們，那就是年長的客戶幫助這些主管們瞭解，在老人家看來，到銀行去是個重要的場合，要說話而且還要懷著慈悲心聆聽對方說話。今天，有些銀行正在教導他們的櫃員如何花時間在這些客戶身上，並對他們表示關心，而不是顧慮他們花了太多時間，使得後面排隊的人焦急等候。這些銀行過了很久才瞭解，他們必須改變重點，從快速替客戶服務轉變成眞正與櫃檯前的客人發展出人與人的關係，方法就在於他們的服務必須有意義，而不只是有效率。

「她在怕什麼？」在她短暫離開房間幾分鐘的時候，她的長子馬文問道。「我們會照顧她的。」

「這個嘛，」我解釋說，「聽起來她好像在擔心你們以後會發生什麼事，使得你們的財務狀況不穩定。如此一來，她又會住到哪裡去？」

「我從來不知道，」馬文溫和地說，「我從沒想到她會擔心錢的事。」

如同傑森和馬文所發現的，在幫助所愛的人從一種生活方式轉變成另一種的時候，是件多麼令人受挫的事。我們很難站在別人的立場思考，尤其是當我們不認為自己會發生她所面臨的問題。上面所形容的，是局外者可以為這個家庭帶來不同觀點的方式。有時候，與自己不相關的人所說的話比較容易入耳，因為你們沒有被希望、傷害和需求的臍帶所連結。

當我們聽到自己像傑森一樣，對某個需要我們安慰的人說：「我不明白。」時，我們就該停下來問自己：「有什麼是我沒注意到的嗎？」只要停頓下來，我們就能停止批評，停止抗拒，並變得好奇。在我們可能就要說出誤解的話或做出自己會後悔的事前，在這個緊要的關頭上，停頓幫助我們發揮出同情心。當有人像傑森的母親一樣，讓你明白自己做了什麼會傷害到他們的感受時，你可能需要道歉，並一邊請教一邊學習才幫得了對方。即使當我們以為自己確實瞭解對方的需求時，那還是有可能和他們想要的完全不相關。

碎片、老鼠和芝麻綠豆

學習獨居

不論你是自己選擇獨居或被情勢所逼，有的時候你會希望朋友瞭解，讓你沮喪的並不是那些很大的問題。這是有天晚上，當我試著把插入手中的碎片拿出來的時候，所領會到的事。我是右撇子，而碎片卡在我的右手。你曾經試著用比較不靈活的那隻手做一些需要協調的事嗎？這可不簡單。一點也不簡單。再加上你知道，自己身邊以往總是有人可以幫你取出這個可恨的東西。

就是在這樣一個時刻，獨居才讓我感到難過。這只是件小事情，不過是個小碎片。但在那個時候，那個深夜，在自己買下的小窩裡，生平首次一個人過活的我終於瞭解獨居的意義。這和大的挑戰無關，例如和銀行協議抵押貸款或面對大風雪、颱風或淹水，我也不明白怎麼回事，但這些事情就是不會讓我難過。它們都是些別人期待你會找他們幫忙的事。但在晚上十點鐘，你不會打電話找與你只有點頭之交的鄰居，要求他幫你把手上的碎片挖出來。你會想，嘿！這又不是什麼大不了的事。但當時，對於一個人生活，我卻有種愚蠢、像個小孩般的感受，希望有人能關懷地照護我這愚蠢的小傷。

還有一次是發生在我看到有東西在地板上移動的時候。它只閃了一下。我不確定自己看到了什麼。我決定不予理會。直到那天晚上我又看到一次。爲什麼這種事總是發生在晚上呢？地板又動了一下。然後我知道發生什麼事了。那是一條晃動的尾巴，房子裡有老鼠。要命！爲什麼我永遠也學不會如何設下捕鼠器？

隔一天，我上樓去找那位我不可能麻煩他幫我取出手中碎片的鄰居。家裡有老鼠符合「你可以向人求助」的項目。她先生花了大概一個小時（還要與關節炎和棘手的老鼠夾搏鬥）幫我想出如何微妙地設置那細小如髮夾的誘餌啓動器。

這些芝麻綠豆的小事情會慢慢累積起來，然後突然間，某件小事就會讓你覺得自己再也無法忍受獨居生活了。瞭解這一點是很有用的，因爲當你有朋友開始自己一個人生活，然後有些小事開始看起來很令人困擾的時候，請你記得，不是只有那麼一件小事就毀了朋友的生活，而是他終於體悟到，不管大事還是小事，獨居的時候，除了自己以外沒有別的人可以應付事情。當然，這會讓你覺得很自由，因爲沒有人會搗蛋、不付帳單、弄錯情況，或永遠都不做事。然而，每發生一件錯誤的小事就又一次地提醒了你，除了自己以外沒有別的人可以決定要怎麼做。如果你認識的人碰上這種情形，試著想像那會是什麼樣的感受。請不要對他們說：「這只是一件小事罷了。」他們當然知道這一點。就讓他們訴說獨居生活的種種好與壞吧！

對於獨居者，你還有其他可以提供支持的方式：

- 不要自作主張認為他們需要有人陪伴，不過你可以提議造訪他們。他們也許會想念有人煮飯給他們吃，或有人可以一起用餐，又或者和你一起散散步也好。
- 你可以問他們要不要和你共渡一個早上、下午或晚上。你們可以去看場電影、開車兜風，或是到一個他們喜歡但不想獨自一人前往的地點。
- 如果你方便的話，可以問問他們，房子或公寓的裡裡外外是否有你可以幫忙的地方——不管是修理東西還是某件需要兩雙手來做的事。
- 如果你還認識別的也住在他們那一區的人，你可以提議介紹給他們認識，那個人或許能變成一個資源或甚至是朋友。
- 邀請他們過來找你，如果他們住得很遠的話，你甚至還可以請他們留下來住幾天。這在你發現有些日子會讓獨居者的心情不佳時特別有用，例如他們的生日、某個特殊的節日，或是當別人好像都有家庭暑期計畫的時候。

破碎的心和祭品

❖ ❖ ❖

↓一個寄予無限關懷的禮物↑

我收到一個包裹，但今天不是我的生日，我也沒有訂購郵購商品。是誰寄來的呢？打開包裹，我發現自己手中捧著一顆極爲特殊的心，它的大小和我的手掌差不多，由許多土色調不同顏色的碎陶片，以一股看不見的力量神祕地組合在一起。它是一個朋友送來的禮物。這位朋友察覺到，我在離婚後的第一個情人節，可能會想起一些未完成的夢。

有時候，我們不用打電話或拜訪一個人，就能送給對方一個用我們自己獨特的方式來表達關懷的東西。它可以是一個象徵，讓朋友知道你在掛念著他；它也可以是屬於你的某個別具意義的東西；或是像這顆心一樣，其中代表的意義甚至超越你所能表達的。當我閱讀這顆心的時後，這個禮物的意義變得更爲深遠。藝術家在製作這種獨一無二的心時，必須先創造出一個美麗的陶藝品，然後把它打成碎片，最後再把不同顏色的碎片組成一個新的東西。

隨著一年又一年的過去，情人節變得沒那麼令人難受了，但每當我面對困難時，這個禮物就會呈現出新一層的意義。它就像是個無限的關懷，讓我在精神需要提振的時候可以回歸它的懷抱，並體悟自己所受到的傷害終有復原之日。當一個人的痛苦消退之後，這顆心所帶來的關懷仍然長久持續下去。

有張字條伴隨著這顆心一起送來，它和手工製作的心同樣地別出心裁。在得到藝術家兼作家理查·波恩的首肯之後，我在此刊出這張字條。

祭禮

這些是我的心，而存在於這些薄薄陶土中的，大多是那些你我成長的微小片刻。我帶著自信的傲慢，把它們投向未來，卻只能閃避它們燃燒的墜落。碎片，四散在我的腳邊。

重生之後，我發現它們充滿了記憶，這些記憶從細小的縫隙慢慢地滲出，一點一滴，填補著我的心。

倘若你用手指摸索著陶片的銳利邊緣，請留心，因為你是在一個裂口的附近顛顫簌簌。這個裂口深不可測的底部滿是破碎的誓言、失敗的夢想，以及成了死灰的希望。它們不只來自於你，還有你母親、父親、祖父母、曾祖父母，以及更久遠的人們。假使你深深注視這個裂口，你會看到它充滿了人類的經驗。

為何這些溫柔且受了傷的碎片——如此美麗地組合成古老的型態，它們以破碎之姿成型，帶著完整未碎時的記憶，並靜靜地向我們招手——能成為一種可以追尋的靈感呢？

我的這些心經歷了痛苦，而我但願，不論哪個看到它們、碰觸它們、想起它們，或聽說它們的人，都能湧起希望。存在於我們的破碎之中的，是我們的智慧。療傷之後，我們的成長，很美。

何謂足夠？

退休也是一種生活

我無法告訴你有多少人開玩笑地問我：「拜爾德，你的高爾夫球賽打得如何啊？」我根本就不打高爾夫球！我知道許多人在你退休之後不曉得要和你說什麼。他們不曉得該作出什麼反應，於是就隨便說些嘲諷的話，或眞的不曉得你要怎麼過日子。我很感謝有人問我：「那你現在都做些什麼退休前沒有時間做的事？」或是：「退休生活中，什麼讓你覺得很享受？」

拜爾德的故事也是他太太愛麗絲的故事，它們告訴了我們，那些即將退休的人內心是何狀況。我們如何才能瞭解這個過渡期的複雜性呢？對一個即將退休的人我們要說些什麼呢？當我們問一個人做什麼工作而對方回答說自己已經退休時，我們又要說什麼話呢？

「我認爲，別人不曉得要怎麼跟我們說話是因爲他們很害怕，」愛麗絲說。「他們怕的是自己退休時會不會有問題。拜爾德退休幾年後我才離開工作。但是，當我在思考怎麼看待退休後的自己時，有件事對我來說很重要：我不想因爲退休而改變了自己與這個世界的互動。我不想讓別人認爲，從國家與地方社區服務的位置退休，我就會閒閒沒事做。退休還有別的地方令人害怕，那就是你不知道自己是否有足夠的能力可以照顧自己，並享受對你來說很重要的事物。拜爾德退休前二十年，我們就開始認眞地討論，對我們兩人而言，什麼才是『足夠』。」

「你們如何發現什麼才是足夠？」我問。

愛麗絲回答說：「我們對『足夠』的定義並不是來自於和別人的比較。我們想要一年旅行一兩次，做些令我們覺得享受的事。我們希望能夠去看看我們的孩子。我們不想總是買最便宜的東西，但也希望能留一些可以給出去的金錢——不管是幫助朋友、家人，或是捐給慈善機構。我們很幸運，因爲拜爾德的公司有退休金計畫，而且我們的健康保險也很有幫助。我們知道很多人沒有這種財務上的安全，所以很感謝自己在退休和健康兩方面都顧到了。」

「退休第一年裡最困難的是什麼？」我問。

「喔！這很容易回答，」愛麗絲咯咯地笑，「拜爾德必須適應替自己安排時間，以及做些解決電腦故障之類的普通事情。以前他還在工作的時候，大部分都由員工幫他安排一天十到十二個小時的行程，可是突然間，他必須自己安排，還要管那些以前都是員工在處理的『文書』問題。同時，我也必須適應他整天都在家裡的情形。我那時在家工作，很不習慣被人打斷，但他會突然出現在那裡，然後就要和我說話。我們經歷了好一陣子，才停止傷到對方的感情，並讓他保有自己的空間。」

不過，對拜爾德來說，最大的改變並非面對肢體空間的侵犯——而是要調適自己以挪出情感上的空間。

當我的生活不再受制於緊湊的行程後，我有了許多選擇的空間。最近，因工作出差時，我花了點時間和朋友以及兒子相聚，還在博物館待了一天，欣賞我最喜歡的一位藝術家的展覽。在我還沒有退休以前，我會飛到那個城市，完成工作，然後告訴自己，我還會再回來看這些人和這個展覽。當然，這都是空話。

退休後最明顯的改變就是愛麗絲和我的相處。我們共渡的時光變得比較豐富。這是因為我肯聆聽愛麗絲談她在森林中的散步，並感受她在發現一朵小野花開了時的興奮之情。在我退休前，我會想，喂！我沒有時間坐在這裡跟你聊花，我能坐在這裡已經不錯了！我們不能談點別的重要的事嗎？今天，我放輕鬆了，而且很享受聽她說話。有的時候，她會告訴我一些事，而我的反應和從前不同，我不會在那邊想著：「好，我要怎麼來解決這件事？」，相反地，我現在能夠理解，她要的只是我聽她說話而已。以前，我總覺得她講了好久才講到重點。今天，我瞭解這和她講不講到重點根本沒有關係。唯一的重點就是讓她分享任何她想說的事。如果她需要我幫忙解決什麼，她會說的。

拜爾德和愛麗絲已經退休八年了，可是他們還在調適新的生活律動。拜爾德結束三十一年在IBM的工作後，夫婦關係中的點點滴滴都變成最重要的。他們曾不得不和一位治療師談談，並努力加強他們的溝通技巧。有陣子情況甚至變得很困難。愛麗絲因此對於退休人士和想要支持他們的人提供了這個建議：「你需要朋友幫你度過剛退休時的過渡期，不論是靠新的朋友還是一輩子的老朋友，享受退休生活的關鍵就在於有他們的相伴。你需要談談你所經歷的改變、你還沒找到答案的問題，以及無法避免會突然出現的健康問題。」

當你想像自己一旦退休後將如何是好的時候，你可能會覺得有些挫敗感。以下是一些來自於退休人士的心得，幫助我們對他們所經歷的過渡時期能夠敏感一點：

- 請不要以為我會去打高爾夫，整天在那裡推桿。雖然我不再賺取薪水，但這並不代表我對社會再也沒有任何貢獻。
- 請相信我還是有大腦的。我不過是停止去上固定的班，我的思考、學習、教導的能力都沒有問題，如果我想工作的話，我還是有這個能力。
- 也許我還沒準備好就被迫退休，因此正感到心酸。
- 我的時間安排和以前不一樣了，所以我正在適應新的情況。如果我看起來有點害怕，請不要認為我神智不清，我只是還沒找到新的焦點罷了。

課堂中會發生什麼情形？

→來自長輩的教訓←

所謂欣賞年歲的增長是什麼意思呢？是要記得年紀較大的人可以教導我們很多事嗎？我們要如何讓他們瞭解，他們對我們來說其實是很重要的，特別是當他們不這麼想的時候？看著他們無法再像以前年輕的時候那麼敏捷、那麼靈巧，這個事實教導我們，如何重視一個比較遲暮的生命，這個生命是一步一步慢慢走，一字一字慢慢說，或是如瑪莉的情形，一次只動一下。

瑪莉坐在板凳上，等著要上泳池裡的水中運動課時，頭彎得就像她那隻老舊的枴杖一樣。空氣中有股淡淡的氯的味道。傑妮走到走廊末尾她坐的地方對她說：「看來今天只有我們兩個了。」

「喔！不會的，」瑪莉有信心的說，「其他人很快就會來了。」

她看著傑妮的眼神，透露出她對傑妮爲何在此的納悶。「妳有關節炎嗎？」她問，她認爲傑妮的年紀太輕了，應該不會來上這堂課。

「沒有，」傑妮解釋說，「但我有個難以治療的毛病，我的治療師希望游泳能增強我的體能。」

「喔！」瑪莉喃喃說道，往下看著自己腫大的膝蓋。「我五十年前滑雪的時候膝蓋受了傷，結果就得了關節炎。我沒辦法站、跪或行走。上這堂課是我唯一能做的事。這也很不容易，因爲我有一個膝蓋不能彎曲。你應該看過從前的人跪下來點燃老舊的瓦斯爐的那種樣子。我不想讓我的孩子看到我連點個瓦斯爐這麼簡單的事都很難做到。不過，人總是會學著接受這個事實。」

這個時候，其他女士們也出現了。她們一邊笑著一邊緩慢地拄著枴杖走路，然後很快地把枴杖掛在她們多彩多姿的毛巾旁邊。不出幾分鐘，她們就靜靜地滑下特殊的樓梯，進入華氏九十度的溫水游泳池。她們自由地漂浮了起來，免除了痛苦的負擔。

老師穿著霓虹紫的泳裝跳進泳池，馬上就開始照著四○年代的音樂節拍進行「例行」的運動。大夥說說笑笑的。她們繞著圈子移動、伸縮手指、滑進基督教女青年會淺池的末端，並且像個微醺的人般在水中踉蹌前進。這是一個快樂的團體。

傑妮之所以會來上這堂課，是因爲治療師說水中運動是她最後的希望。似乎沒有人曉得如何才能讓她的身體強壯一點，她都已經渾身是傷了。她嘗試過所有的方法，現在就剩今天這堂課。她來這裡就是要瞭解水中運動能否幫助得了她。

傑妮解釋說：「我進入那個泳池，然後面對著自己的可能未來，這眞不件好受的事。我在儲物櫃遇到的那位很有自制力的女士，她在三十幾歲時磨損了膝蓋。我也是在這個年紀膝蓋受傷。所以我跟她說，我們會分享彼此的故事還眞不是個巧合。」

「我們在游泳池內行走，上下晃動我們的手臂，踢踢我們的腿，可是我並不覺得這些動作能幫我建立我所需要的肌肉，」傑妮說。「這些動作太簡單了。不過，我沒有離開泳池，也沒有聽任自己杵在那裡。除了醫療以外，我認爲自己在這裡應該還有別的目的，因此我最好認眞上課，並注意課堂上還發生些什麼其他的事。」

差不多就在這個時候，瑪莉在泳池內轉身面對傑妮。做完上一個動作後，她們兩個剛好站在一起。瑪莉低聲地說：「我每件事都做不好。」她一直待在最淺的地方，以免讓水淹過頭來——八十七歲四英呎十英吋的瑪莉是眾人中年紀最大的一位，也是最矮的一位，可是在這一瞬間，瑪莉看來很悲傷也很孤單。

傑妮轉向瑪莉說：「不過妳的笑聲很棒。」這是眞的，於是瑪莉笑了，她笑得臉都皺成了一團，也照亮了四周。然後，在傑妮準備要跟著四〇年代的音樂在水中游走時，她再次轉向瑪莉說：「我猜妳一定有孫子。」

「曾曾孫都有囉！」瑪莉驕傲地說。

「所以妳看，」傑妮說，「聽起來妳可不是什麼都做不好啊！」瑪莉又笑了，然後飄飄然地陶醉在自己的世界裡。

那天下午稍後，傑妮告訴朋友理克：「你知道，理克，我想我今天會上那堂課的原因和治療無關。我想我去是爲了遇到瑪莉，爲了從她那裡學到一些教訓。那個教訓就是，如果你認眞做自己的事，然後不要太在意你認爲應該要發生些什麼，那你就會得到自己眞正所需要的。」

結果，眞正的老師並不是那位穿著亮紫泳裝跳進泳池的那位女子。而是穿著藍綠花裙式泳衣的八十七歲瑪莉。瑪莉並不眞的需要懂得做些別的什麼事，只要做她自己就好——一位膝蓋痠痛、笑聲點亮整間女子儲物室的曾曾祖母。

傑妮幫助瑪莉從一個聽從指令動作的機器人跳脫出來，這是她給予一位全然陌生之人的禮物。雖然看情形傑妮可能無法從這堂課得到她想要的，但她停頓下來認知自己感受到的無望，這使得她在幾分鐘後能懷抱著悲憫，和另一位當天也覺得自己有點無用的人產生共鳴。

我知道她的名字

→和阿茲海默症共存←

❖ ❖ ❖

「在照顧我媽的時候，我們學到最有用的事，就是體認到她不再是以前那個人，並停止試著讓她想起往事。在告訴她一些過去的事時，我們就當她是第一次聽到。至於最困難的，則是瞭解對我媽而言，重要的不是她記得什麼——她就是想不起來了——而是她此時此刻在這裡與我共渡的時光，共渡的每一分鐘。」

幾乎每個星期都有朋友或同事發現自己的母親、父親、先生或太太罹患了阿茲海默症。我們怎麼有可能安慰得了一個眼睜睜看著自己所愛的人在未來幾天、幾週或幾年後將逐漸改變且迷失方向的人？

在艾莉西亞的情況來說，父親過世之後，母親的阿茲海默症愈發明顯。那時她才開始瞭解，媽媽再也無法自己照顧自己了。

「我永遠也忘不了那一天。我爸被診斷出癌症，而且病得很重，我們去醫院探望他後回到了家。可是才剛踏入家門，我媽就堅持要立刻回到醫院，彷彿我們根本就沒去看過爸爸似的。當我告訴她我們不可能立刻回去時，她變得非常焦躁，並用力抓住我的手臂，害得我都瘀血了。警覺到事態的嚴重性，我告訴她：『媽，你不要這樣。我要打電話給醫生。』她立刻跑出廚房，用力甩上門，力道之大，讓隔壁房間牆上的鏡子都掉下來砸個粉碎。當她對我不帶她去見爸爸變得如此憤怒的時候，我發現自己又變成一個害怕的小孩。我不想激怒我媽。」

「你母親因爲一件在你看來不合理的事而大發雷霆時，你怎麼辦呢？」我問她。

「你要停下來，瞭解自己不能再像是對方的小孩。你必須把對方——在我來說就是自己的媽媽——當成和你沒有關係的人，就當自己是個看護一樣。這並不代表你不愛她。你必須讓自己脫離，不要受到她不合情理、常常令人受傷或困惑的行爲所影響。你必須踏出數十年來所發展出來的行爲模式。你也必須停止認爲自己可以改變對方的行爲。」

阿茲海默症患者的家人，最後都必須面對令人難過的決定，看是要安排居家照護病人或讓病人住進生活輔助機構。不過，艾莉西亞表示，她的家人所面對最困難的決定，倒不是安排媽媽住進長期照護機構。她們最後也做出這樣的選擇。

「最困難的決定是如何有耐性且關愛地即時回應你所愛的人——一個可能在生氣、感覺受挫、滿意、困惑，或是不可理喻的人——但他卻好像是個你完全不認識的人。她已經不再是以前那個她了。她內在有一個完全不同的人迷失了，正在想辦法找到她的路。特別是在阿茲海默症末期，病人會一直需要別人的指點才能對應周遭的世界。舉例來說，我媽媽有一天想要從車子裡走出來，但她再也不明白轉過身子的概念。我們一直試著解釋她要怎麼做，可是她沒有辦法和我們溝通，因爲她不明白自己不知道的是什麼。」

「你是否學到什麼，並希望別人能用另一種角度看待阿茲海默症？」我問。

我們花了很久的時間，才停止設法讓我媽想起過去，想起我們是誰。期待一個得了阿茲海默症的人想起自己的生活，和期待一個癱瘓的人站起來走路一樣，是不合理的。比較有用的是停止問她：「你記得……嗎？」只要把往事再說一遍：「還記得我們那個特別的七月四日國慶日嗎？我們那時……。」我們用從來沒跟她說過的樣子告訴她過去的故事，而這對她來說就像是個娛樂。我們放棄讓她想起過去，除了當下和我們在一起的時光以外，我們不期待她做別的事。

隨著阿茲海默症的惡化，我媽還教了我另一件事。她讓我對友誼的概念有了完全不同的定義。我很驚訝地發現，她在護理之家和一位比她年長二十歲的婦女成為朋友。她們不記得對方的名字或對方的故事，但這好像一點關係也沒有。我無法想像這樣也能交朋友，但我媽讓我知道，這不但有可能，而且還很令人開心。

事實就是，我媽比我們還能適應她的病症。她沒有因此喪失了什麼——她與阿茲海默症共存。雖然家中有人說，也許她離開人世還比較好，我以前也曾同意這種說法，但現在我再也不這麼認為了。我媽目前已經進入阿茲海默症的末期，但在大多數時候，她很滿足。我沒有資格評斷她是否不該處於這種狀況，即使這代表她已經變成完全不同於我所知道的媽媽。痛苦的是我們，不是她。

當朋友或同事所愛的人罹患了阿茲海默症，需要他的照顧，你能做什麼或說什麼以表達你的支持呢?艾莉西亞說：

- 如果你靜靜地聆聽，讓我們傾訴自己對未來以及即將發生的事的擔憂，我們會很感激的。
- 找一位和我們所愛的人不太熟，或完全不認識的人來探望病人會很好。如此一來，我們就不會想到他們倆的過往，只關心他們現在的互動。

• 你可以問我們所愛的人目前情況如何。只要記得，事情不會好轉，所以不要期待我們給你一個熱情的答覆。

每個家庭對阿茲海默症的經驗都不盡相同。有的家庭會發生痛苦的爭執，甚至還會為了對父親或母親採取什麼樣的照顧而鬧上法庭。對於一個可能要求你選邊站的人，你很難知道究竟該如何提供對方支持。在另一個案例中，一個朋友在罹患阿茲海默症的媽媽過世後幾個月才承認，當母親還活著的時候，他希望自己能和朋友談談，關於每次探望媽媽時他有多麼生氣和無助。看到陷於痛苦和憤怒之中的媽媽，用他自己的話說，就是「在活生生的煉獄之中凋萎」，他需要和某個不會視他為一個不關心媽媽的兒子的人說：「這一切什麼時候才會結束？」

還有一種情形，就是當一個作妻子的，希望能問問自己最要好的朋友同時也是配偶的意見時，卻猛然想起他患了阿茲海默症。當她告訴你，她希望他能「在身邊」幫助她決定要做什麼時，你要對她說什麼呢？我們又無法幫助他們所愛的人可以記起從前或回到從前的個性。所以，一次又一次地，朋友和家人會跟你說：「就讓我談談我的經歷和感受——不管它們是令人受挫的、恐怖的，還是貶低人的。還有，請不要問我她知不知道我的名字。請試著記得，我知道她的名字就夠了。」

長時間的道別

——面對死亡是需要時間的——

「坐在爸爸的床邊，我不斷在想：『他沒有剩下多少時間了，我是否該和他談一些意義深遠的對話。』我越是思考那些要說或要做的重要事情，就覺得自己離爸爸越是遙遠。我過了一段時間才能放開自我，不去想自己的心事，只是坐在那裡陪他。」

根據醫師的診斷，瑪婷娜的父親罹患了淋巴瘤，雖然無法動手術，但可以接受治療。瑪婷娜住在另一州，爲了探望爸爸而不斷往返兩州之間。然而，旅途奔波對她生活上的夥伴、她的生意和健康都很不利。她覺得自己被各方的力量拉扯。她的故事幫助我們體悟，在某個人邁向死亡的期間，家人如何掌握住隱藏的療傷機會。它還提醒了我們，有些家人無法了結他們與病人之間一些未完成的事，這只會在喪禮之後徒感遺憾。

我爸剛住院的時候，有很多事情要做。我們大家採取行動，盡可能地取得醫療資訊。我則開始來回奔波。我的兄弟們和他們的妻子輪流在醫院陪我媽，並互相替對方的房貸做擔保。然後，我們發現一個事實：這些情況可能了無止盡。

我必須問我自己：好，你還能怎樣安排生活以解決舟車勞頓的情形？我和我的夥伴安芮妮談過，她支持我搬回家，並表示不管多久她都願意看管我們的房子。接下來，我必須和客戶談談。我是一個顧問，我知道他們很容易就可以找別人諮商，而無需容忍我的來回所造成的不便或難於接觸——不管是情感上或身體上的接觸。我擔心在我爸行將就木之際，我的生意也會跟著完蛋。

令我驚訝的是，我的客戶竟然支持我。「做你必須做的，」他們說，「我們瞭解你必須去陪他。你回來的時候我們還會在這裡的。」有些人甚至還介紹我爸那一州的業務關係人給我。

瑪婷娜的朋友讓她離開，在這段長長的告別之中給予她支撐的力量。他們常常打電話問她和爸爸的情況如何，但如果沒有發生什麼事，他們並不期待她的回電。

有些人幫她佈置新的地方，還有個人送給她一個「關懷包裹」，內含維他命、書籍，以及一些新公寓內可以讓她感到慰藉的東西。朋友們確定她瞭解，她對他們還是很重要。

搬家之後，我面對的問題是如何和爸爸共處。他一向是個很保守的人，所以我在一開始面對他的時候真的是手足無措。我是他唯一的女兒，相處的時間也不多。不過慢慢地，我瞭解他要的只是我的陪伴。在照X光片的時候坐著陪他，開車帶他出去兜兜風，吃個早餐——我放棄思考那些重要話題的對話要怎麼進行。我學會停止去想過去或未來的事，只專注於當下的情況。舉例來說，如果他很痛苦，他覺得很難過，我也覺得很難過，而且通常沒有我可以使上力的地方。但與其大驚小怪或覺得很自責，我選擇能安靜地陪著他，感受他對痛苦的感覺，並且不試著驅離這種感覺。

「其他的家人如何應付這個長長的道別呢？」我問瑪婷娜。

我哥應付得還可以，但弟弟就很難適應。我爸生病後，要求弟弟接手他的生意。初時業務蒸蒸日上，但沒多久就做不下去了。爸爸過世後，弟弟認為他無法再繼續經營，因此轉身就走，留給我們一個爛攤子。他和爸爸曾經就如何接續這個事業談過很多次，但他覺得自己對爸爸的人生而言是一大失望。

他沒有幫我們結束公司的業務，這造成了很多的問題。他就這樣撇下來不管。在爸爸生命的最後階段中，他完全不曉得該如何幫助他的小兒子面對一個已經積累了很久的問題。對於後來的經營狀況，爸爸很不滿意，這讓他感到很傷心。多年之後，這個沒有完結的問題還是導致家人之間問題重重。

在瑪婷娜的案例中，家裡有人無法和即將死亡且深愛的人解決彼此的不愉快。你很容易就會認爲這些人很自私或固執。畢竟，我們會想，時間飛逝，難道他們就不能把傷害放一邊，彼此和平共處？然而，如果我們試著瞭解他們可能非常想要找到平靜，卻爲了某些原因而無法做到的話，情況又會變得怎麼樣呢？我們無法知道究竟是什麼才能讓人原諒。對某些人來說，要他們坦白說出某件他們曾經不肯說的事、要他們道歉，或坦承他們永遠都在狀況外，遠遠超出我們想像的困難。*

*在《寬恕是種選擇》（*Forgiveness Is a Choice*）這本書中，羅伯・安萊特（Robert Enright）教授幫助我們瞭解，在做出決定是否準備要原諒自己或他人時，人們會有什麼樣的痛苦和承諾。

隨著時間經過，在某個親人死亡前尚未把事情了結的家人，可能會需要我們（或受過訓練的專業人士）的幫助，以在喪禮過後數個月或甚至數年後進行一場對話。他們還是有機會透過寫日記、寫信、心理劇或其他角色扮演的治療、諮商或能量治療來療傷。當然，他們也可能不想得到任何人的幫助。如果他還沒準備好要討論原諒不原諒的話題，我們需要尊重他的決定。

「你談到有些事你沒有說出口，」我注意到，「你的家人有做些什麼以幫助你對爸爸的這種未完結感呢？」

是的，我差點忘了提到這一點。我們問爸爸是否可以聚集所有的家人，輪流跟他說我們想告訴他的話。這是個儀式，讓他知道他對我們的意義。他答應了，但有個條件：大家不要覺得非得說話不可。我們可以只待在房間裡什麼都不要說。於是，我們大家站在他的四周，沒多久就開始跟他說我們想說的話。

每個人都很容易開口，但輪到爸爸的一個姪兒時就停了下來，他不管怎樣就是說不出話來。爸爸溫和地看著這位年輕人說：「沒關係。我知道你對我的感覺。」然後對他微微一笑。

我猜想，瑪婷娜的家人可能選在她爸爸生命中最後幾天聚集在一起，於是我問瑪婷娜這個儀式是何時舉行的。「喔！在他過逝前九個月，」她回答說，「我們不曉得他還能活多久，我們告訴他，我們不想等他病得太重，無法瞭解我們說的話或等到一切都太遲才來進行這個儀式。」

瑪婷娜的爸爸給了家人一個療傷的禮物，容許他們和他分享自己的感受。然而，這裡有一點很重要，那就是並非每個人都會讓我們有機會說再見。有些人甚至不准我們提到他們就要死了，更別提讓我們訴說他們對我們的意義。他們有權和我們保持這個距離，但若是我們被剝奪了向他們表達感受的機會，我們可能需要更久的時間才能接受他們的死亡。多年後，我們甚至需要朋友的幫助，才能找到別的抒發方式。

他知道自己就要死了

——探訪住進安寧療護所的朋友——

不論是在家中、醫院，或是安寧療護機構，當朋友面臨人生最後的階段時，常令前往探視的人不曉得該說些什麼才好。我們怎麼曉得什麼才能眞正撫慰一個臨終病人？對於可能必須二十四小時日夜看護他的家人，什麼能給予他們支助？我們不是他的親屬，是不是不該前往探視？以下是一對夫婦的故事，這個故事不僅讓我們一窺安寧療護的世界，還幫助我們瞭解如何在即將過逝的人身旁**做我們自己**。

在與癌症搏鬥數年之後，藍登和妻子安娜貝爾認爲，是該讓藍登住進安寧療護所的時候了。藍登是個大個子，需要一組強而有力的人員幫他洗澡和換床單。他和安娜貝爾在曼哈頓的公寓太小，無法容納一位私人護士或家庭看護。

住進安寧療護所是個痛苦的決定，因爲這對夫婦知道，這代表他們就快面臨死別，而且他們將再也無法共享愛的雙人床。不過，安寧療護讓他們很安心。住進安寧療護所意味著患者將得到二十四小時的專業照料，許多護理人員極有同情心，他們受過最好的訓練，可以幫助病人把痛苦減輕到最小程度。安寧療護所人員還關注心理與精神上的需求，讓病患的主要照顧者可以有一點時間待在家裡思考、哭泣，並爲了即將失去親人做好心理準備。

安娜貝爾盡可能地把藍登在安寧療護所的病房裝點得有家的味道。藍登受到病魔摧殘，變得非常削瘦憔悴，而且一下子就老了許多。這是爲什麼安娜貝爾要把藍登全盛時期的照片放在房間各個角落——他與家人合拍的相片，以及一張他身著英軍突擊隊服、英姿煥發的照片。他太太覺得這些相片能告訴護理人員，藍登曾經是個多麼強壯陽剛的紳士，讓人對他懷有更多的尊重和喜愛。

安娜貝爾還列了一張建議表，讓前來探視藍登的人不會那麼手足無措。建議表上寫著：

藍登知道自己就要死了。我知道這對你們有些人來說，可能會覺得手足無措，因此，我在此除了對你們的來訪表達感謝，還列出一些可能對你們有幫助的事項。這是安慰藍登且為他帶來甜美平靜的方法，請你們看在這個用意的份上接受它。

- 試著不要被他的外表嚇到了。我知道他變成這樣令人感到難過可怕，但在這個被癌症摧殘的身體裡，還是我們美好的藍登。
- 藍登是個很有尊嚴的紳士。如果為了某個原因他的毯子跑開來，變得不太雅觀，拜託，幫他把毯子弄好。
- 藍登喜歡和人有肢體接觸。你們可隨意握握他的手，或是撫摸他的手臂。這是很美好的接觸。
- 除了病情以外，和他聊一些其他的事，例如政治、最近的新聞、朋友的趣聞、一些有趣的八卦。來點好玩的笑話總是不錯的。
- 告訴他，他對你的意義。不要怕流淚，淚水是自然而然的。在與人道別時最好的話題就是友誼和愛。
- 問他需不需要你幫忙打電話。
- 有時藍登看起來不是很清醒，這是因為使用治療疼痛藥物的關係。但他很清楚你們在這裡，而且你們來他就很高興了。這時只要握著他的手就好。
- 如果你們發現他需要使用多一點的治療疼痛藥物，或是他告訴你他有這個需要，請立即通知護士。
- 我每天都會有部分時間在這裡，但要是你們注意到有什麼事讓他感到不舒服或是對他的照護有不周到的地方，請打電話叫我跟安寧療護所說。這樣會幫我們很大的忙。你們可以在我們的電話答錄機上留言。請在我們的訪客板上簽名，如果你們來的時候藍登在睡覺，也請在上面留言。

朋友們，謝謝你們來這裡陪伴藍登。希望你們有個愉快的時光。

愛你們的安娜貝爾

「爲家人即將在安寧療護所死亡的家庭提供協助時，你認爲還有什麼是大家需要瞭解的？」我問。

對於無法日夜都坐在他身邊，我總會有罪惡感。然而，有的時後我會渴望逃離去散散步，或回到我們的家，或只是離開安寧療護所的區域，在外面安靜地吃頓飯。我也需要好好地哭一場，並且和孩子們分享藍登的情況。

因此當有朋友打電話來問我，能否幫我接手在安寧療護所看顧藍登，甚至長達一天的時間，我的壓力就減輕了一點。這是天大的恩惠，因為我知道藍登能夠理解我需要喘息，他也會享受與不同的人共渡一段長一點的時光。我確保這個人是藍登所喜愛的。我應該要補充一點，那就是有些人很好意，可是藍登不想要他們過來看他，因此我就必須禮貌地拒絕他們，跟他們說：「恐怕今天不太適合。不過還是謝謝你的關心。」

另外，朋友們可能要知道的就是，詢問臨終病人病情的電話有時是不受歡迎的。安娜貝爾解釋說，她已經精疲力竭，極度地沮喪，而且感到很恐懼——她陷入自己的悲慘之中走不出來。「我沒有那個精力反覆敘述我先生病情惡化的悲慘情形，而且有些人打電話來可能只是出於義務。我常常用電話答錄機接電話。晚一點再針對幾通有意義的電話回電。當你心碎的時候，要一直保持禮貌並不是件容易的事。不要被這些事搞得自己很難受。」

當我和安娜貝爾差不多談完話時，她望向外面冬日的天空，然後說：「一個你愛的人就要死了，你對他所能做的、最愛他的事，就是聽他談談自己在想些什麼。要大方地與其他和你一樣愛他的人分享他。私下安排牧師來訪。幫他安排他想做的最後的懺悔。聆聽他的恐懼並試著安撫他。告訴他你將會多麼地想念他。一起哭。但最重要的，如果你能做到的話，就是分享我們大家都會死的領悟，這是人生的一部分，屆時所有的痛苦都將結束，而愛卻永不止息。」

→值得紀念的特殊日子←

❖ ❖ ❖

忌日與冥誕

一年又一年，每逢紀念日總是苦樂參半的時刻，因爲我們會想起，那個我們曾經深愛過又失去的人；或以嶄新的眼光回想他們的人生。朋友和同事需要瞭解，時間的過去事實上也可能令我們更加感到失落。

你上次寫張「謝謝您」的字條給爸爸或媽媽是什麼時候呢？這是我今天在散步時所做的一件事。我爸爸已經過逝十三年了，但我還是有事情想和他分享。我會想到他是因爲今天是他的八十歲冥誕。和許多人面對所愛的人的忌日一樣，我在想，如何才能彰顯爸爸在我生命中所扮演的角色。

我感謝他讓我對文字產生愛好，也感謝他教導我，用「困難的」方式做事情是有價值的。我欣賞他溫和柔軟的愛爾蘭魅力，以及他總是眞誠地問候別人，不論對方當時的狀況是好是壞。他閃亮的藍色眼眸或笑聲總是帶給別人溫暖。

在我感謝爸爸所給予我的事物時，有個客戶打電話來取消某日的預約。他解釋說，他母親在六年前的那天過逝了，而家人才剛決定要去掃墓。我留給他一個訊息，告訴他我也在緬懷自己的父親。也許空氣中洋溢著一股懷念之情。

對一些人來說，紀念日常常是一個五味雜陳的日子。我們和自己所愛的人可能還有未竟之事。在我的情形來說，這張感謝您的字條也不是很容易就寫得出來的。在我爸媽經歷痛苦的離婚後，我花了六年的時間才能接受我爸爸沒說一句話就消失在我面前。當他再次現身之後，有幾年的時間，我雖然見過他的面，但情況就是不一樣了。我需要時間才能接受他是怎麼樣的一個人，而非他不是什麼樣的一個人。

難怪每次當有人提到某個人的忌日或冥誕時，我們經常都不曉得要說什麼。有的時候我們會聊聊自己的故事，有的時候會想改變話題，有的時候則手足無措地僵在那裡無話可說。人們常常想要分享一個有關他們懷念的人的故事；或者他們也可能想要一個人安靜地思考。即使如此，你也不能因爲聽到這是個紀念日就不安的沉默下來。

你可以藉由記得這些紀念日來表達對員工或同事的支持。你不用說任何話——只要知道這對他們來說可能是個敏感的時刻。一位高層主管告訴同事，他有天早上開車上班途中，突然想起一年前的這天，是他最後一次看到母親還活著的日子。他傷心到不得不把車停靠在路邊一下子。當他抵達公司時，他被思念母親的情緒完全佔據。他從沒有想到自己會有這種感覺，也沒有預期到自己會坐在辦公室裡哭泣。他說幫助他度過這一天的，是他決定公開告訴員工，今天是他母親逝世一週年，而他很難讓自己像個沒事的人一樣繼續工作。員工們很感謝他的告知，以及他沒有假裝自己能把私人的生活完全區分在辦公室的領域之外。畢竟，當你仔細想想，根本就沒有所謂「非個人」的生活。所有事情都和個人有關，不是嗎？

如果你的朋友或家人失去了某個人，有些事是你可以用來在事發後的數個月或甚至數年後提供他們力量。你可以在行事曆上記下忌日，或者如果你知道死者的生日的話，就在那個日期上面做個記號。然後在紀念日當天或前幾天寄張卡片或打通電話給他們，表達出你對這個特別的日子的重視。另外也有一些日子可能會引發他們的失落感，例如母親節、父親節、節日、生日、一個孩子從大學畢業，或是一場婚禮。

最後，還有一個來自於麗斯的見解。針對所有想要安慰某個失去父親或母親的人但自己卻又說不出話來的情形，她提供了以下的建議：

失去父母親的人和擁有父母親的人是置身於兩個不同的世界裡。我的經驗是，如果你還沒有失去父親或母親，你會活在失去他們的恐懼中。你無法想像那會是個什麼樣的情形。當你失去父母時，有一陣子你會覺得，只有也失去父母的人才能瞭解你的感受。通常只有他們才能瞭解，在父母親過逝後我們所做的一些奇怪的事，或是談到他們時我們在笑些什麼。當我爸爸過世時，大部分的人難以理解我們為何要在棺材裡我爸的腳上放一床毯子。那是因為，我爸媽每天晚上上床睡覺時，我都會從門外面聽到：「米爾頓，米爾頓，過去點，你的腳好冷。」所以我媽在他腳上放了一條蓋膝蓋用的毛毯，讓他從此再也不覺得冷。這些都是在紀念日時我們會想起的回憶。

省思

→和他們以及你的靜默共處←

除了前面已經提到過的，其實還有別的方法可以創造療效的頻率，那就是給予對方安靜的空間或關懷的注意。你要瞭解，有的時候，你的同事、朋友或親戚可能不太想說話。他們只需要你關心的陪伴，而不希望你對他們的靜默或者你自己的靜默感到不安。他們已經沒有那個能量來想辦法安頓你的心。

有些人很能適應靜默的狀態。但對別的人來說，例如我，就必須花點時間才能學會只坐在那裡什麼都不要做，只是陪著某個人，只是傳送療效的思想或靜靜地享受彼此的陪伴。

你可以溫和地詢問對方是否需要安靜一下——也許和你在一起但不用說話，還是要坐在戶外某個地方或到外面走走，不然安靜地握著彼此的手也可以。你可以問他是否想要休息一下不要講話，然後聽聽一些喜歡的音樂，讓彼此沉浸在各自的思緒中，但還是分享同一塊空間。或者你可以問他要不要休息，而你就在他附近——在另一間房間看書、寫字、煮飯、打掃或讓自己也有安靜的片刻。

這些都是你可以用靜默來提供別人慰藉的方式，讓你們處於安靜的柔和氛圍中，而且不會靜得受不了。你需要的只是一點練習，還有偶爾學著如何和自己共處，就像我的老師珍．史密斯所說的：「處於賦予生命意義的沉靜之中。」＊我們常常只有在沉默下來後的安靜空間中，才能真正聽到沒有說出來的心。

．倘若你希望自己能在沒有必要說話的時候和某個人平靜地打發時間，你可以思考一下，究竟是什麼讓你覺得不開口說話會很困難。是因為沉默讓你覺得很沒有意義，覺得自己沒有在做什麼可以幫助對方的事嗎？或者當談話終止、感覺湧上來時，會讓你覺得好似就要失去鎮定——讓你開始哭泣、不由得感到憤怒、絕望或悲傷嗎？

＊史蒂芬．里凡（Stephen Levine）的著作《生死的靈療》（*Healing into Life*）和《只剩一年可活》（*One Year to Live*）以及瓊．卡巴金（Jon KabatZinn）的《不論你前往何處，那就是你在的地方》（*Wherever You Go, There You Are*）都提供了有用的指導，幫助我們發展出運用靜默的能力和與別人的痛苦共處。

・你可以考慮學習如何花些時間省思，不論是透過冥想以平靜你那「不停說話的心靈」，或只是安靜地坐著並感謝人生中遇到的某些人或某些狀況。然後你可以練習和別人安靜共處，偶爾選擇性地讓談話停止，並在這段時間內靜靜地擁抱對方，溫柔的撫觸或沉默地感謝彼此的陪伴。

Chapter Ⅴ

失去所愛

一隻名叫里歐的貓

❖ ❖ ❖

↓讓「四腳天使」永眠↑

許多人並未將寵物視為寵物，而是視牠們為家人。不過，並非每個人都這樣看待牠們。這就是為何當別人家裡的寵物死亡時，我們通常不曉得要說什麼。某個晚上，一群朋友同時在網路對談。我們很驚訝地發現，這不僅給我們上了一堂對寵物之愛的課，甚至還教導我們對親人的愛。

安琪拉寫信告訴我們一個悲傷的消息：

凌晨兩點，我被迫讓我的貓，里歐，安樂死。我很愛我那毛茸茸的里歐，他在大概六年前被帶到獸醫診間，當時他奄奄一息、腳燒傷、全身只剩尾端還有一小撮毛、體重也只有三磅重。我永遠也忘不了他用臉摩擦籠子的模樣，好像在說：「請你愛我。」

聖誕節來臨時，里歐已經搖身一變，成為一隻漂亮的貓。他的特徵就是非常愛人且重感情。他教導我們如何順其自然。他會坐在你的大腿上（總是會先問你可不可以），然後看著你的眼睛，好像在說：「現在請你專心和我在一起，因為這是很重要的一刻。」

昨晚，大約午夜時分，我聽到一聲哀嚎。我跑下樓，看到里歐的兩隻後腿癱瘓了，而且非常痛苦。我急忙帶他去找獸醫。前陣子我們就發現里歐的心臟有雜音，這次他的心臟丟出了一個血塊，導致血液無法流到他的後腿。他的肺裡充滿了液體，痛苦非凡。然後，兩點左右，他在我的懷中永眠。里歐真的知道如何和他所愛的人在一起。我們會想念你的，里歐，你是上帝賜給我們的最好禮物。

我寫了一個訊息給安琪拉，並與這群朋友一同分享。以下是訊息內容的摘錄：

謝謝你和我們分享里歐為你的生活所帶來的愛。你看到他脆弱的處境，然後願意讓你自己去愛他並被他所愛，這顯示出你有多麼願意讓愛進入你的世界並慷慨地付出你心中的愛。

當我們九歲大的迷你臘腸犬達芬突然因為罕見血管疾病死亡的時候，我先生尖叫著說不要，並哭著說他失去了最好的朋友。儘管獸醫盡了全力幫她輸血，仍舊回天乏術。

達芬給我們的愛，是那種你在書上讀過，但卻很少在人類身上經驗到的愛。即使我們因為工作而讓她得在白天孤單度過十個小時，但當我們回家時，她總會高興地跳來跳去。在我們難過的時候，她會蜷曲著身子躺在我們身邊，而且變得非常非常安靜——不知怎麼就是懂得我們需要慰藉。這些是無條件的愛的表現，也是我們極度渴望身邊的人所能給予我們的。我想，這就是為什麼當寵物死亡的時候，我們會難過地說不出話來。

許多人不瞭解，有時候，因為寵物的死亡，我們的一種生活方式，一種愛與被愛的方式也跟著失去了。我有個朋友在她甜美的小狗被車撞死後，甚至還為她舉行家祭。直到今天，這隻小狗的墳墓上還有花朵。我們失去達芬已經六年了，但還是無法把她的骨灰灑向大地。當我先生和我離婚時，他希望能保有達芬的骨灰罈。我們覺得怎樣也無法讓她離開。

我想就如何支持失去寵物的人寫點東西，原因之一就在於，即使你無法感覺到我們的痛苦，還是可以藉由表達出你的關心而幫助到我們。達芬死的時候，有些和我一起工作的人就是無法明白一隻狗的死有什麼「大不了」。有個傢伙說：「你可以再找一隻來啊！」還有一個人說：「牠只是隻狗。」牠？他竟然用「牠」來形容達芬！

另一方面，許多試著讓你好過一點的人會問：「那你現在打算要什麼樣的狗或貓？」他們就是不懂，對我們有些人來說，這些寶貝是上天的贈禮，你無法用別的東西取代。我們很難想像生活中沒有他們。我們還是會想要餵他們吃東西，或款待他們一頓大餐，或覺得自己應該和他們窩在一起。

我還學到一點，有些人真的知道失去寵物的感受，所以他們會送來體貼的慰問信箴。這讓我感到很驚訝，而且對我意義重大。有些人會請你談談你最愛的故事，而在那一刻，你的寵物好像又活了回來。

謝謝你，安琪拉，讓我們許多人有機會懷念我們深愛但失去的寵物，再次向他們引導我們發揮出人性致上敬意，並體悟自己將可能一輩子思念他們。現在我腦中想到的是，你和里歐在他臨終的一刻，但現在你又將活生生的他帶到我們的面前。

這個訊息傳達出去沒有多久，艾波羅也寫了以下這段話：

親愛的南絲：

非常感謝你和我們分享妳的故事。我現在才瞭解為何我的嫂嫂仍然把她的小狗辛蒂的骨灰放在櫥櫃裡，甚至在她搬到佛羅里達時還帶著一起走。辛蒂是她三十年來的第二隻狗（她還未幸運能夠懷有小孩），而我覺得她有點……我心裡想到的只有怪異這兩個字，因為她不讓辛蒂安息。我過去真的不瞭解她對骨灰的依戀，而你和我們分享你的故事，我才恍然大悟，所以我必須向你表達謝意。

有時候，我們無法瞭解某個人的失落，直到我們聽到朋友談他們自己的失落。不管你多麼關心朋友或親戚，一旦你納悶這有什麼大不了，就算你不是很沒有同情心，你還是難以提供他們慰藉。對你說來可能很難瞭解，當我們失去一隻寵物時，那種失落感可能就像失去最好的朋友一般沉痛。

當你沒有機會道別

↓未完結的感受↑

❖ ❖ ❖

你如何安慰一個毫無預警就失去所愛的人呢？當他們沒有辦法照自己想像的方式和所愛道別，你要如何幫他們獲得一種完結感呢？

在我媽因爲心臟病發溘然與世長辭時，我妹妹羅黎的前任團隊領導人喬太太，對我們說了大概是最美好的話了。我們的對話情形類似這樣：

「我還沒有機會告訴她，她就要當外婆了，」羅黎哭著說，很後悔自己打算在懷孕三個月後才告訴媽媽這個消息。她本來希望不要讓媽媽爲這最不穩定的孕期擔心。她準備要等醫生告訴她懷孕正常之後，才告訴媽媽這件事。但是媽媽卻在她懷孕不到三個月就走了。

「喔！蜜糖，」喬太太說，她抬起頭來看著天空，「她知道的。她現在知道了。」

羅黎突然福至心靈。媽可能眞的知道，不管她在哪裡。於是，羅黎在那一刻放寬了心，不再對剝奪媽媽期待能當上外婆的喜悅而感到罪惡。「妳是對的，她知道了。我從來沒有這樣想過，」她溫和地說。

喬太太帶著善意所說的幾個字，點出了羅黎的悲傷和罪惡感。她給羅黎一個用希望的心去感受悲傷的方式。那並不是在說教。那甚至不是「事實」。但喬太太聽到了她想要安慰的人的心聲，因此能夠提供對方看事情的另一個角度。

你還能怎麼安慰一個因意外失去所愛而震驚不已的人呢？他們可能需要談談那些他們但願自己來得及對剛過逝的人說的話。你可以這樣對他們表示：「假如我是你的話，我不曉得如果有機會我會想在某某過逝前對他說些什麼。如果你想跟我談這方面的事情，我很願意聽你說。」或者你可以問問他們，對另一個家人說出或寫下他們尚未表達出的思緒是否會對他們有幫助。

當你毫無預警就失去某個人，就算在朋友幫助你度過最初的震驚之後，你仍然會想要有一種完結感。朋友們必須瞭解你可能要花很多年的時間才能接受那種未了結的感覺。肯恩就因爲沒有在父親查理的葬禮上說話，所以覺得自己並沒有和爸爸好好道別。十年後，他終於接受了這個情形，並寫了一份充滿勇氣與幽默的讚辭。

他把讚辭拿給家人和朋友看，用這種方式表達出：「好吧！老爸，我現在準備好要向你致敬並且說再見了。」

以下是肯恩對父親道別的內容節錄，裡面提到他如何找到心中平靜的洞見。

查理・利可爾是何許人？他是六個孩子的父親。

他大力敦促我唸大學。我本來想和所有好朋友一起去當海軍。但有天晚上老爸叫我坐下，喝兩杯啤酒，然後在破曉的時候，他已經說服我去上大學。回顧過去，這是我（他）最好的選擇。

他愛所有的人，不論人家的背景為何。我還記得他告訴我，當你進入一家店時，你第一個想到要見的人應該是守門人。我問他為什麼，而他表示，人不管身處哪個社會階層，都應該受到尊重。老爸很不曉得要怎麼表達出他的愛。他的表達方法很不傳統。但你總是感覺到他想要表達出他的心。不論他表現得有多麼強悍，你最終總是能瞭解，他的行為是出自於對所有人的愛和感謝。

特別值得紀念的，是他的幾句妙語。我最喜歡的是：「兒子（針對所有年輕人），你做得很好，但你還是個狗屎蛋。」然後他會擁抱你，親你一下，並說他為你感到多麼驕傲。

肯恩接著說明他當初爲何無法在父親的喪禮上說話：

我那時並不是沒有話可說。事實上，我讓牧師說了很多關於我父親的話。我是透過牧師在說話。我之所以沒有站起來自己說話，可能是因為我害怕自己做得不對，或是會有人說我做錯了。奇怪，我確實知道要說什麼，但若是我當時就懂得如何像我現在一樣表達出自己的情感，那我就會明白，我是不可能會做錯的。不論說的是什麼，或者如何說出口，只要我對自己所說的有真正的感情（這是一定會的），每個人應該都能感受到我對我爸的愛，這才是最重要的。

如果你認識那些覺得自己沒有機會和逝者道別的人——不管是因爲對方驟然去世，或是像肯恩一樣，不曉得要如何公開說再見——你可以停下來探索是什麼因素導致他們不說再見。當時機對了，他們可能可以藉由公開或私下的儀式找到一種完成感：

・寫一封信給逝者，釋放出久藏於心中的感受。

．計畫一場公開的儀式，與大家分享心中的回憶；或是計畫一場慶祝晚餐，搭配逝者最喜歡吃的菜餚。
．在逝者最喜歡的草坪上打最後一輪高爾夫。
．到山上健行，進行一場最後的「對話」。
．傳送一份讚辭，藉此彰顯，即使是在多年後，所愛之人的精神依舊長存。

接受一個人的死亡並沒有所謂的時間表。偶爾，我們必須給自己以及其他人時間，讓我們的大腦跟上心靈的腳步。

這是祝福，眞的

→當死亡帶來慰藉的時候←

❖ ❖ ❖

「不要擔心我，我會很好的。這是個祝福，」葛雷絲在告訴鄰居她的父親終於過世時如此說道。「這樣還比較好，」她解釋說，「他再也不用受苦了。」

當朋友告訴你，他所愛的人的死亡是個祝福時，你要說什麼呢？我們無法像在一般的情形下說句：「我很遺憾。」碰到這種情形，才剛失去所愛的人會覺得安心勝過遺憾。他們再也不用面對護理之家半夜打來的電話，也不再有罪惡感或不完全感，當然也不用納悶這一切何時才會結束。

當朋友告訴你某個人之死是個祝福時，你很容易就會說不出話來。但如果你能接受他們的想法，並表明，即使如此，他們還是有些回憶需要整理，需要做一些了結，以及哪些夢想已經實現而哪些夢想又永遠無法成眞，這樣就能給予對方幫助。

即使死亡來得很緩慢，生者還是在試著接受這個結束。或許，已經預告很久的死亡就只是個草草的結束。你需要一些時間才會感受悲傷，因爲你已經籠罩在死亡的陰影下好一段時間了。

你永遠也無法推測某個人在這種情況下的感受。你千萬不要先說出：「這是個祝福。」而如果這是某個家庭談到一場艱困旅程終於結束時的想法，你也不要感到震驚。在那個特殊的夜晚，葛雷絲不想要人擁抱，也絕對不要鄰居突然帶著晚餐來找她。在仔細聆聽她話語後的精神能量後，朋友察覺到她希望能不受打擾，只要待在自己的小家庭，並整理父親死後一些無用的東西。也許她們會帶著微笑或心痛彼此說些故事，並拾起舊時記憶。她們也許會接受生命的圖像失去了一角，它同時也提醒了她們幾年前的另一個失落——她們的母親。當雙親都走了以後，生命得到某種完成。那是個很奇怪的時刻，你會瞭解自己生平第一次，再也不是某個人的孩子。

要把某個人的死亡當成祝福可能很困難。這可能和我們一路以來所接受的想法或我們對生命的看法剛好相反。然而，如果我們想要安慰一個因爲死亡終於來臨而感到慰藉的人，接受她們的觀點並付出慈悲才是比較有幫助的，就算我們不認爲我們會有這種感受。我們可以說：「看來因爲他的過逝，你們終於不必辛苦過日子。

不過，我想你們還是需要時間才能適應這種日子終於結束了。」

你**如何**將善意傳達給某個覺得死亡是種祝福的人呢？那就是接受她們的體驗是眞切的，並且不要批判她們該不該有這種感受。

帶一位朋友去用午餐

──替生者寫訃聞──

她甚至沒有生病，爲何她要我替她寫訃聞？這實在太奇怪了。但你知道嗎？現在看來，她要求我這麼做卻是一件好事，因爲幾個月後，在沒有預警的情形下，她就離開人世了。

我媽獨自住在北卡羅萊納的山上。有天晚上，她打電話來，我們隨意的聊了一會兒。我現在一點也想不起來當時到底說了些什麼。然後，她終於說到她打電話來的目的。「南絲，」她說，「我希望妳能幫我做一件事。很簡單但很重要，而且因爲妳是搖筆桿的人，我希望能由妳來寫這份東西。」

「沒問題，媽。到底是什麼事？」我問。

「我已經仔細想過這件事，我不希望妳和我爭論，」她說，「我希望妳在我還活著的時候就先幫我寫訃聞，好讓我確定訃聞上說了哪些我想要的內容。」

你可以想像得到，這樣的對話內容並不常見於一般周日晚間「媽媽打來的閒聊電話」中。我猜大家一定很少會有心理準備去告訴自己的媽媽：「當然好，媽。我會幫你寫訃聞。」學校也不會在你高一的課堂中要求你練習寫訃聞。不過，這倒是不錯的成人作業。我敢說，很少人閒聊時會想到，要趕在親友還健在的時候就把訃聞寫好。

我的任務是要表達出，朋友對我媽而言有多麼重要。我媽的朋友都住在她附近，小孩反而住得很遠，對我媽來說朋友的意義重大。她的朋友幫助她面對獨居生活中種種難過的時刻，例如身體不舒服、房子燒毀、開刀、在冰上撞毀車子等等，這些事會讓人在事發後的幾個夜晚感到難受，特別是當他還得面對空蕩蕩的房子。以下是她希望自己能被人追憶的方式*：

帶一個朋友去用午餐

伊蓮．辜爾馬汀請朋友和家人用特殊的方式來悼念她。雖然她愛花愛狗愛貓，

---

*報紙可能會把你交給他們的訃聞重新編輯，我們就碰上這種事。而這裡所寫的則是我媽媽所同意的版本。

也愛社區課程，但今天她希望你能把時間花在對你很重要的人身上。不要等到來不及才想到。不要讓自己再有任何藉口。打電話給朋友並一起去吃頓午餐。現在就去。你不會希望自己連這麼簡單的事都來不及為你所關心的人做。有朝一日就可能會太遲了，所以幹嘛要等？向友誼致敬：這是你可以留在人世的一點財產，為了自己，也為了我。

最重要的不是事先寫好訃聞——儘管當母親驟然過逝時，我們在震驚之餘可以少去擔心一件事。最重要的是，我和媽媽能夠談談她生命中所看重的事物，以及她希望別人如何悼念她。

與所愛的人在他們生前就談論死亡的話題可以替人生打開新的大門。當你想談卻又說不出口時，可以藉由分享故事作爲開始。有兩位姊妹在聽到我幫我媽寫訃聞的故事後，妹妹跑來告訴我，雖然她的身體十分健康，但多年來她一直想和姊姊談她的死亡。「這是我一直想要有的對話，但卻不曉得要如何開口，」她解釋說，「妳的故事讓我們有機會開始談這個話題。我的下一步將是和我的孩子分享我的訃聞。讓他們知道我的訃聞已經寫好了，而我想要談談我想要的喪禮。有機會說出這個想法讓我覺得好安慰。只要起了頭，一切就變得很簡單。」

你們的對話可以是如此開始：「我以前不曉得該怎麼提這件事，但我實在想和你談一談。我不喜歡家人在我死後幾個小時才開始寫我的訃聞。我想，如果在我還活著的現在就先寫好訃聞會比較好。我們先寫好訃聞，然後每個人都在事先就能看到。你能不能考慮幫我寫訃聞？如果你需要以提示做爲引言，我想請你提醒別人一件對我來說很重要的事，那就是……。如果你還想寫些別的，我們可以一起看看怎麼寫才好。請你放心和我談你的構想。」

朋友和家人需要學習，有時候，當你不認爲自己知道要對所愛的人說什麼時，你還是能說出恰到好處的話來。在某人還活著的時候寫下這個非常特別的訊息，或許能讓朋友和家人在其死亡前就緊緊相繫。

喔！該死！有人帶刀來嗎？

灑骨灰

當你準備要把父母親的骨灰灑出去的時候，你要對兄弟姐妹說些什麼呢？這是我的家人們曾經面臨的情形。當時候到了，我們發現自己不但不曉得該對彼此說什麼，我們還不曉得要怎麼處理這件應該很簡單的事。不過就是把骨灰灑出去而已，不是嗎？

我們站在海邊，自以爲對處理這個情況有十足的把握。畢竟，我們已經度過了最不自在的時候：喪禮前當有陌生人走向我們表示哀悼的時候。聆聽我們不太熟識的牧師講述我們的老爸是個關懷但公正的人也令我們感到怪怪的，雖然他確實是這麼樣的一個人。不過，多年來總是在重要時刻挺身而出的他，卻以簡單的方式結束自己的人生——在早餐吃咖啡冰淇淋的時候。他的心臟停止跳動，孤孤單單地走了。沒有什麼不得了的情形。沒有最後的急救。他大概就是喘一口氣，然後就走了。

奇怪的是，就在那時，很難得的他四個孩子中有三個才計劃好要一起來看他，但他卻在他們到達前兩週左右告別人世。我們計畫要飛到邁阿密團聚。可是一切都太遲了。而現在，我們四個人全體到齊站在海邊，等待我們之中哪個人能鼓起勇氣打開那個裝有他骨灰的盒子，然後把骨灰灑向大海。你知道的，就像你在書裡曾經看過或聽說朋友這麼做過的灑骨灰儀式。

感覺上很令人寬慰，不是嗎？前一刻你彷彿還能再度擁抱你愛的人，然後，下一刻，你讓他走向上帝或神明或任何另一個世界。

我們站在那裡，準備好要灑骨灰。可是我們感覺七上八下的，而且忖度：「上帝或神明能這樣接受他嗎？」沒有規章，沒有操作手冊，只能想像自己打開裝有骨灰的硬紙盒，然後肅穆地將骨灰送到天地之間。於是我們打開盒子，卻發現裡面還有一個厚厚的塑膠袋。沒問題，我們想，只要撕開它就行了。

如果你未曾灑過骨灰，那麼有一件很重要且大部分的人都不曉得的事：法律規定，裝有骨灰的塑膠袋必須密封，以免在運送過程中——例如透過郵寄——意外地散落。

我們打不開這只塑膠袋。

沒有人事先警告過我們。有人給我們很好的建議，告訴我們如果要灑骨灰，就不需要買一個兩百塊美金的骨灰罈。所以我們沒有骨灰罈，也沒想到要先打開紙盒看看。可是也沒有人建議我們在進行這個儀式的時候要帶把小刀。

最後，我們用地上一顆尖銳的石頭歪歪扭扭的扯開袋子。

然而，我們一打開袋子又發現另一件事：你所愛的人的骨灰並不能用灑的，它們是用倒的，就像你看過的浮石沙，而且還有一些骨頭碎片。骨灰並不會如你在電影中所看到的或自己所想像的那般飄在空中。

四年後，我們在陪伴我們長大的湖上，坐在一條租來的小船。時值二月，北卡羅萊納很冷。當我們抵達大家都滿意的湖中央——灑媽媽骨灰的好地方——的時候，懷孕三個月的妹妹冷得發抖。我們從爸爸那次的經驗中學到，我們不需要骨灰罈，而且骨灰也不會用灑的，它們是用倒出去的。我們知道會發生什麼，或者我們自以為知道。我們還不確定是否可以在這個公共場所灑骨灰。但不管如何我們還是在那裡了。

準備要打開裡頭有塑膠袋的紙盒時，我們突然忍俊不禁笑了出來，因為我弟說：「嘿！老媽，你比老爸還重耶！」雖然這句話很意外，但這正是我們所需要的，笑聲幫助我們放輕鬆，並且對即將要做的事也感到不那麼怪異。我們沒有假裝媽媽是別的模樣，所以有種跟她靠近了的感覺。

我們打開紙盒。然後我們之中有個人說：「喔！該死！這次有人帶刀來嗎？」我們又笑了，回想起灑爸爸骨灰時所經歷的情形。

「嘿！你不會以爲我又要重蹈覆轍吧？」我弟說。我們很欣慰地看到他啪地一聲打開小刀，並漂亮地打開塑膠袋，而我們每個人各自把一部分的媽媽倒入這個她有過很多快樂時光的湖中。

當你要灑出所愛的人的骨灰時，你不想發生任何意外。你不希望有人突然問：「有人帶刀來嗎？」你不想爲了找一塊尖銳的石頭而在地上摸來摸去，然後再用扯的把熱封袋弄開。然而，若是你面臨意外的場面，就像我們那樣，你還是會找出辦法應付的，你也會瞭解，沒有人能眞正完全準備好要放手讓自己所愛的人離去。

不論發生什麼情形，你會將你愛的人的靈魂釋放至大地或海洋，或如我一個朋友所做的，在高爾夫球場上。她將爸爸的骨灰灑在他本人最喜歡的一洞中。或許你會覺得所愛的人此刻正在對你微笑，縱使你覺得氣氛很怪異，或懷疑他能否聽到你說的話或看到你。因爲在那一刻，你們的關係改變了；因爲你眞的知道，你愛的人再也不存在於他的身體裡，也不在某地的棺材裡安息，而是經由你的手指注入地球上某個地方，在那裡，骨灰與塵土混合，轉變成別的不一樣的東西。

接受死亡也教導我們一個教訓——我但願自己當時就知道不要操之太急。當你接到停屍間打來的電話，希望徵得你的同意，爲你所愛的人進行火葬時，你很難有這種心理準備。當他們打電話來徵求我的同意要爲我媽火化時，一想到她光著身子冷冷地躺在某塊大板子上就讓我無法承受。我沒有多想就說：「當然，請做吧！」

然而，我妹妹三天後搭飛機到這裡時問我：「媽在哪裡？」你可以想像到當時我有多麼驚恐。

「什麼意思？」我問，「她在停屍間，而他們已經爲她火化了。」

「喔！不，」羅黎哭著說，「我想要跟她說再見的。」我壓根就沒想到她會想見媽媽最後一面，或這樣做可能對她是個安慰。這些都是人在面對哀傷和死亡的儀式——對那些說要幫助你，但實際上卻也可能需要慰藉的親戚、朋友和陌生人作出回應——的時候，所可能犯下的錯誤。

這可不是服裝發表會的預演，可以一邊進行一邊彌補錯誤。雖然我對自己所犯下的錯誤感到非常難爲情，我還是想要和你們分享這個故事，因爲我不希望其他家庭也經歷像我妹妹一樣的情況，不能用她所希望的方式和媽媽道別。我是有福的，儘管她很失望但也很寬容，她瞭解我並不完美。我只是她的姊姊。

→當死者的遺願和生者的需求相衝突時←

最好的計畫

假使面對死亡能教會你什麼的話，那就非妥協的藝術莫屬了。就算是最周詳的計畫也不一定會照你所希望的進行。克萊兒和我們分享一個故事，這或許能幫助一些家庭免除經歷克萊兒所經歷過的困境*：

媽死了，留下遺囑交代由我、姊姊和爸爸在一個她喜歡的海邊灑她的骨灰。麻煩的是，一聽到她過逝的消息，親戚和朋友就想要參與這個儀式。他們計畫從不同

* 莎拉．約克（Sarah York）的著作《深深的悼念：慶祝生命和哀悼死亡的儀式》（*Remembering Well: Rituals for Celebration Life and Mourning Death*）是本極為有用的資源，它針對許多類別的失落，幫助家人和朋友創造出具有療效的儀式。

的州搭飛機過來，參與媽媽的告別式。可是媽媽交代得很清楚，她不希望大家因為她而大費周章，她想要的，只是和我們三個人的簡單儀式，私下灑灑骨灰道別就好。

我們要怎麼辦呢？親戚以為他們可以參加道別式，而且也準備參加。我們怎能把媽媽的願望告訴他們，然後傷害到他們的感受？到底我們該怎麼做呢？罔顧她的願望而讓其他人滿意嗎？還是應該把她的願望告訴大家，儘管這會讓他們難過？

你可能想知道我們怎麼下這個決定。

我們通知大家告別式的日子，然後在那個日子來臨前一週，在一個只要到過鱈魚角都會碰上的柔和有霧的傍晚，我們將媽媽的骨灰分別放進三個我們虔誠縫製的白緞袋子裡，然後開車前往海邊。由於不久前我們四人才一起出門旅行，所以這次在前往海邊的路上，我們偶爾會停佇在她最珍愛的地點追憶。我們感到很驚訝，因為那些屬於我們生命中一部分的景色和聲音，竟然能夠給予我們慰藉。

抵達目的地後，我們發現岸邊一個人也沒有，只有碎浪沖刷沙子的聲音。但還有別的，那就是升降索柔和地拍打到船桅上的特殊聲音。不可能！這個區域又不准船隻進入……但就在那裡，有一艘帆收了起來的白色帆船，她雖然沒有繫在岸上，卻沒有移動，也沒有散發出一點燈光和光線，沒有聲音，除了間間斷斷的，幾乎像是音樂般的拍打聲。於是我們按照媽媽希望的方式，將她有如大地色調的骨灰灑出去。天地間只有我們三人見證這個儀式和霧中那艘彈著海洋音樂的帆船。

為了讓其他親戚也能和我媽道別，我們撒了大謊。我想到可以從火爐和烤架收集一些灰燼，再丟進磷酸顆粒和其他物質，然後創造出以假亂真的東西，並希望事情會有最好的結果。我們不把親戚排除在「告別式」之外，就不會傷到他們的感情。不管是為了什麼用意和目的，只要照計劃行事，沒有人會知道其中的差異。

我們以為自己掌握了全局。親戚們都到齊了。我們擠進車子裡，再度回到那個海邊。我們三個人把親戚留在岸上，帶著裝了灰燼的新袋子涉水入海，開始把灰燼倒入海中。我們覺得很愚蠢，但也覺得自己做了對的事，顧全了大局。即使是不怎麼會表達情感的老爸，也小聲地對媽說：「呃，我親愛的，做兩次總比沒做的好。」可是我們望著倒入灰燼的地方，竟然發現水面冒起泡泡來了。那可不只是一點點小泡沫，而是逐漸擴大的圓圈，就像有東西要從海裡冒出來似的。

剛開始我們猜不出到底發生了什麼事。也許水裡有什麼或只是海浪的波動。我們完全不明白，只是瘋狂地試著平撫泡泡。然後，我們開始瞭解究竟發生了什麼事，於是就笑了起來，而我們知道，媽的笑聲一定是我們四個人裡最洪亮的。顯然，是我們製造的混合灰燼造成了水面起泡。幸虧親戚都在岸上，無法看到那個情形。我們回到岸上後，他們還誤把我們笑到流出來的眼淚當作悲傷的淚水。最後，我們知道媽媽（還有上帝）一定能諒解我們最後的這個動作。她同意了，而且也沒有人發現。

告訴你們這個故事是因為我想要別人瞭解，在所愛的人離開人世且沒有告知別人該如何悼念他的時候，家人可能會被迫做出非常可笑的事。我們很幸運，因為我媽清楚地向我們表達了她的願望，只是我們完全沒有想到，其他人對她過世的反應竟然出乎我們的意料。我們必須在尊重死者的要求和幫助生者接受她的死亡之間做出選擇，這令我們更感哀傷。

請現在就與你的家人和朋友談談。不要在你走了而無法幫他們做決定之後，讓他們絞盡腦汁不曉得該怎麼辦。倘若你覺得很難開口談這個話題，那就留下寫好的指示讓他們遵循。這是你所能給予那些留在人世上的人最體貼的禮物了。

如果你真的向朋友和家人表達出你的願望，請給他們一點轉圜的餘地。因爲他們可能像克萊兒的情形一樣，無法完全照你的指示行事。而如果你是那個不得不妥協的人，請給自己一段喘息時間，也留給意外一點空間，這樣對你會有幫助的。這是生命運作的方式，只是要提醒我們，我們不一定能控制事情的發生與結束。

當媽走的時候

❖ ❖ ❖

↓一首詩所帶來的祝福↑

安慰的話語有時可以是我們自己所說的話，有時則可以由其他人來寫。曾經有次，當我朋友的母親因爲心臟病發去逝的時候，我完全沒辦法聯絡到她，不知道她好不好。於是我寫下一首詩，等她回家以後和她分享。後來我很驚訝地發現，許多家庭在入土儀式、悼念會和告別式上都讀到這首詩。現在我把它刊在這本書裡，讓任何人都可以使用，也許還能激勵你寫出自己的詩來。我不認爲自己是個詩人。但也許在某個時候，詩裡的情感才是最重要的，而且也是這份情感才能帶給哀傷的人慰藉。

當媽走的時候

當她走了以後
一瞬間
失落感不請自來
無法形容的
你明白
當媽走了
中心不見了
好像宇宙失去了重力

每件事
每件事都散亂了
好一陣子

直到我們在生命的宇宙中
找到一個方法
回到中心
而且，不知怎地
雖然沒有力量
卻不致瓦解原貌
無意中
我們又完整的，再一次地
回到這一切的當中

喪禮之後

❖ ❖ ❖

→儀式過後還有哪些工作要做←

喪禮用的器具送回去了，墳墓上種了花朵，安慰的字條也讀過了，在未來眾多的挑戰中，你還能提供喪家什麼樣的支持呢？有個傳達關懷的方式，就是去瞭解喪家在無人指點的情形下必須做出決定時的痛苦體驗。這就是以慈悲心帶給對方正面的影響，並在他們整理突然湧出的回憶或待做事項時，能夠貼心地去瞭解他們需不需要你的陪伴。

眼前需要他們做出的決定有哪些呢？首先，對於整理逝者的櫃子、醫藥櫃或書桌，人們大多沒有什麼心理準備。你該怎麼處理逝者遺留下的衣物呢？櫃子裡的食物怎麼處理呢？買下來但還沒有送出去的禮物怎麼辦呢？只對他們有意義的紀念物或一些無法辨識的老照片該怎麼辦呢？相片中的人是否知道逝者的其他事情呢？看到這一長串的待做事項是否讓你覺得很受不了，但這正是喪禮過後，在處裡剩下的事情時，你可能會有的感受。

之後，甚至還會有更多的事要做。我們需不需要打電話給逝者電話簿上記載的人，通知對方他的過逝？當電話那頭的人聽到這個消息，尖叫著說：「喔！不會的，他**不會**死的。」我們又要說什麼呢？

我們要留下逝者的哪些遺物呢？哪些可以給朋友和家人？哪些要送去給慈善機構？哪些要丟掉？哪些要賣掉？法律表格、稅務問題、死亡證明，以及尚未結清的帳單該怎麼辦？即使沒有人爲了遺囑交代的遺產而爭執不下，還是很少有人知道，處理一個人的死亡有多費時間。

接下來，你還要決定該怎麼處置逝者的寵物、處理尚待答覆的通訊往來，以及把郵購的東西退回去。你拾起了逝者私人生活中許多鬆散的細節，所以你會有很多天覺得自己像個偷窺狂，侵入不屬於你的領域，然而這又是你唯一能安頓逝者的人生和死亡的方式。

當我媽過逝時，別人給了我們很實在的建議。有人建議當我們要分取遺物時，最好先寫下各自最想要的東西。如果同時有兩個人想要某件物品，我們必須想辦法解決。他們表示，手足的關係到頭來要比物品的重要性更爲長久。他們說，東西總是會壞或是被偷或遺失，但活著的家人還是要一起生活下去。我們確實碰到一些比較棘手的部分，但最後都把問題好好解決了。我們很感謝他們的建議。

有人建議把用過的衣服出售給二手服飾店，再將販賣所得捐給當地的收容所或慈善機構。另一個人幫我們安排了二手貨的出售，因此當我媽的東西從房子裡被搬走時我們可以不用在場觀看。由於我們沒辦法照顧她的寵物，好幾個人主動表示願意收養，我們對此也十分感謝。

可是，還有一件事要是我們能夠早點知道，我們就不用吃足了苦頭。你會發現有些屬於逝者的紀念物，而你不確定是否該把它們留下來。像是外公外婆寫給媽媽成箱的信件、你出生前就開始剪貼的剪貼簿，以及一些沒有你參與其中的旅遊照片。我們丟了很多這種東西，後來卻後悔萬分。爲什麼我們沒有保留它們呢？這有很多原因。我們沒有地方放；它們和我們的回憶相矛盾；而且我們覺得這些私人的東西並不是我們該看的。當時我們的情緒超載，甚至無法考慮到它們多年後對我們的小孩或我們自己可能有的價值。你可以建議其他也覺得自己「快被淹沒」的人，把這些東西放在幾個箱子裡，並在上面標示「以後再整理」。以後再去整理這些箱子，而所謂的以後有可能是幾年之後。

以下是上述故事所引發出的問題以及一些回應：

・**你應該把什麼東西送出去**？一些具有特殊意義，能帶給好友慰藉的東西。許多好友永遠也不會要求你給他們什麼東西（一本書、一塊珠寶、一個紀念物、工具、一張照片或一株植物），但如果你這麼做，一定會讓他們覺得很感動。

・**你要如何打電話通知所有電話簿上記載的人**？慢慢來，請一位朋友或親戚幫你，寫信通知也可以，反正不要全部自己做。

・**帳單、法律財產文件、稅務等東西怎麼辦**？向幾位你信賴的人請益，逐步進行。假使你是財產的執行人，你要讓家人知道最新的狀況。不要期待自己每件事都能做對。我們大多沒有受過這方面的訓練，哪裡會曉得要如何下這類的決定？

・**那些不認識的人的老照片要怎麼處理**？保留下來。有一天你可能有機會認出那個人，或許你也會因為研究這些照片而對那個時代的歷史有更深的瞭解。

喪禮舉行完畢，灑了骨灰，唱了歌，收拾起安慰的字條，也宣讀過遺囑了，這時才是眞正的挖掘和埋藏的開始。這可能需要花上數週、數月，甚至數年才能讓一切塵埃落定。你或許能在親戚清理他們的回憶時幫上一些實際的忙。其他人可能需要時間自己進行，但如果你瞭解他們正要做出哪些困難的決定，他們會很感激的。一旦發現原來你也懂得他們所面臨的困難，他們就已經得到了慰藉。

當年輕的孩子死去時

→父母親的慌張揮之不去←

做父母的永遠也想不到自己會面對白髮人送黑髮人的悲劇。當他們碰到這樣的情況時，許多人會問：「爲什麼？難道我是個很不好的爸媽？我做錯了什麼？爲什麼死的不是我而是我的小孩？」

有時候活下來的兄弟姊妹也會問同樣的問題。

琳恩的弟弟已經死了二十年。這些年來，她媽媽從來沒有和朋友或家人多談他的死。有一天，琳恩問媽媽是否願意和我在電話中談談，因爲我想要在這本書裡寫下她們的故事，告訴別人如何安慰孩子死亡的家庭。

她媽媽開頭先解釋說她兒子是家中最小的一個，上面還有四個兄姊。他只活到十四歲。死亡當天，他正在樹上玩幾條繩子。那時已經下了一陣子的雨，繩子的結出了問題，他因而摔斷了脖子。醫生說這是場意外事故。事發當時，他媽媽正在附近的護理之家探視臥病在床的人。她猶記得那天有位八十幾歲的居民告訴她，這天將是某個年輕孩子人生的最後一天。當然，那位居民並不知道她兒子的事。

「我探訪的那位女人說：『你知道，我很想今天就死。我準備好要面對死亡。我不知道為何我還在這裡。』直到今天，我還會想到當時的諷刺。有個人準備要放棄生存的權利，但卻是我兒子被剝奪了這個權利。」

一開始，我以為她在表達她對兒子玩耍時自己不在家感到悔恨。但我停下來，然後發現她說的是，那天死的竟然是一位絕不可能準備要死的人，她覺得很諷刺和不公平。不應該是那天，不應該是如此年輕，不應該是這種死法。

我將注意力放在她表達出來的慌張，納悶是否曾有人安慰她這樣的情緒。因此我問：「別人做了什麼或說了什麼幫助你渡過這些困難的日子嗎？」

「喔！我不曉得，」她誠實地說，「我感覺麻木了好久，我不確定我有注意到這方面的事。我不是要說別人做得不對。當有人的小孩如此突然地就死了，你怎麼會曉得該做什麼或說什麼？我要告訴別人的是，請不要說你瞭解別人的感受。在我感覺如此麻木，連我自己都不知道自己有什麼感覺的時候，你怎麼可能瞭解我的感受？」

琳恩的媽媽說下去：「我也想讓別人知道，不管怎樣我們還是會走過來的。一天又一天，一小時又一小時，你常常會認爲自己走不過去，也不想再繼續這樣下去。然後，你會想起那些你從孩子身上得到的快樂。有好一陣子，我很難再抱持什麼希望和夢想。」

她稍早曾提到自己還有四個小孩。我想我應該要和她談談，她一邊哀悼這個孩子的死亡，一邊還要照顧其他的小孩。也許她會想要與其他也失去小孩的父母說些什麼。「你還是把其他四個小孩拉拔長大了，」我說，「什麼幫助你做到這一點？」

「這個嘛，」她追憶道，「我們確定在每個小孩上大學前和他們有更多的相處時間。我們想讓每個小孩覺得自己是特別的。在我兒子死前的星期五，他在行進中的樂隊裡演奏。有一刻我只是看著他，心中湧起強烈的親密感。我想要和他分享這股感受，但我想我還未來得及做到。有時候，身爲一家人，我們的溝通並沒有那麼好。所以在他死後，讓孩子們知道我有多麼愛他們變得更爲重要。」

「他的朋友過來看你會有幫助嗎？」我問，想知道這些年來究竟是什麼帶給她慰藉。

「喔！有的，有的，我很喜歡他們過來看我，」她說，而在說到這個時，我幾乎可以感覺到她臉上的微笑。「他有個朋友叫麥可，每年都從家裡帶來番石榴果醬。

他來的時候我們會聊一聊。有個眞正瞭解我兒子的人過來看我眞的很有幫助。我們可以分享回憶，讓他的精神不死。我不曉得其他失去小孩的人在小孩的朋友來拜訪他們的時候會有什麼感覺，但對我來說卻非常有幫助。」

「我不確定我學到什麼可以教給別人的經驗，」她喃喃說道。「有時候我會懷疑自己到底是不是個好媽媽，」她說，提及在哀傷中一邊撫養四個小孩一邊又要經營她先生的公司是什麼樣的情形。「但我下定決心，」她說，「試著讓我的小孩談我兒子的死，即使在這麼多年後他們已經不想再談這個話題。我們總是要學會溝通。」她還提到許多看起來不太相關的事情，包括她兒子的死並沒有停止她繼續探訪護理之家的老人，還有她的爸爸是個醫生。

我安靜地聽她從一個主題轉到另一個，我覺得她好像在試著替這件事找出意義。由於她很不願意下任何結論，所以我察覺到她的故事可能還有隱情。她沒有怪罪自己、她的兒子、上帝，或天氣，但對她來說有什麼不太對勁，而我覺得她需要時間把這些零碎的事情說出來，而不是由其他人替她把事情拼湊在一起。

我在這本書裡多次提及，療傷的對話與在正確的時間使用正確的能量陪伴對方大有關係。你不需要用一次的對話就把鬆散的地方整合起來。有時候，你的角色就是打開一扇門，讓對方再多談一點，不管是稍後再和你談或是和別人談。在長久的沉默之後說了這麼許多，終於讓琳恩的媽媽聽到自己的思緒並讓自己的感覺安定下來。雖然有很多要問的事，但她並不需要由我來發問。

她女兒希望她能獲得心靈的治療，而單純地把事情說出來，不用覺得她必須理解所有的事情，就是達到療傷的第一步。但要撼動到那些沒有說出口的東西，還需要另一步。這一步發生在她讀到我把她的話訴諸文字的時候。琳恩說，當她媽媽靜下來閱讀這個故事時，就給了她一個機會，瞭解自己已經準備好要分享她從未告訴過別人的事。

讀到自己提及兒子死亡時所說的話之後，琳恩的媽媽終於能夠告訴女兒，她其實並不認爲兒子的死是個意外。雖然醫師判斷這個男孩在玩繩子的時候從樹上滑了下來，但她直到今天還在懷疑這並非事情的眞相。「也許他不快樂，」她想，「也許他怕讓父母失望，因爲他前幾天才被足球隊踢出來。他那時十四歲，正是情感很脆弱的年紀，」她柔和地說。

這是用另一種方式陳述對方的話所帶來的力量。在這個案例中，我是將對方說過的話用文字的方式複述一遍，以給予對方深思的時間。你可以帶給別人複述的力量（在對話的當時），只要用自己的話跟對方說，你認爲在你聽來對方是如何談到他們的困境。或者你可以用寫的。讓對方聽到或看到在你耳中他們究竟說了些什麼，就能給他們一個機會，瞭解自己沒說出口的是哪些。

我選擇用寫的來複述她的話，而不是在我們的電話交談中，這是因爲她好像需要時間接受自己對兒子是怎麼死的懷疑。我是怎麼察覺到的呢？因爲她並沒有準備好要談她的恐懼——對兒子可能是自殺的恐懼。她需要時間找到自己的話語。此外，我恐怕也不該是她說出自己在害怕什麼的對象，縱使我發現這是她最需要談的東西。當時還不是時機。她的第一步是和某個人談談，一個她覺得不會批判她，也不會認爲她的恐懼很愚蠢或毫無根據的人。

幾天後，琳恩打電話來和我分享，她媽媽在經過時間思考自己已經準備好要告訴家人的事後，又發生了什麼情況。「我讓我媽一直說下去。我沒有打斷她。我發現，我媽之所以無法療傷，和她沒有說出深埋在心底的恐懼——對我弟可能是自殺的害怕——不無關係。我從來不曉得她有這些想法。我確定家裡每個人都懷疑過這個可能性，但我們從來沒有公開討論過。也許現在我們大家都可以談這個了。」

失去小孩的父母可能需要和某個不會批判他們，也不會試著說服他們不該有怎樣感受的人談談。這個人會容許他們，至少暫時，懷疑孩子的死是不是自己的錯，即使他們真的沒有做錯什麼。他們需要把自己的感受表達出來，而且不要有人急著改變他們的感受，即使這樣會讓其他人都好過一點。有些失去小孩的父母說，他們很難不去責怪自己。這是很難以擺脫的感受，儘管所有的證據都把孩子死亡的原因指向別處。就如琳恩所解釋的：「我們永遠也不會知道我弟死的那天究竟發生了什麼事。但我們學到，如果不去談，我們就可能變得很疏遠。」

琳恩沒有要媽媽去除恐懼。她容許媽媽表達出埋藏在心底這麼多年的事——某種阻礙家人溝通的祕密。而她媽媽誓言，從現在起他們每個人都要學會溝通。

脆弱的情感潛艇

→當某個人選擇自殺←

薇爾正想辦法接受表妹和朋友的自殺。她父親在爲自己的生命長久奮鬥之後，也於幾個月前逝世。看到爸爸的努力，薇爾很難理解爲何另外兩個她愛的人，沒有開口求助就走上自殺一途。她也納悶爲何沒有人發現他們已經身陷絕境。她在一封電子郵件中談到自己對此的難以忍受：

我覺得很脆弱，宛如被風吹倒在地。我可以感覺到這個東西在我的體內。我彎著腰，駝著背，保護著我的心臟。我的呼吸很淺。我很疲憊。非常疲憊。我給自己空間——泡澡、打電話、訪客，或是安靜，任何我需要的。

我納悶自己是否該打電話或寫信給她。什麼是她現在能夠聽進去的呢？特別是她覺得如此脆弱之際？有時候我們可能要打通電話給朋友，以瞭解困擾他們的主因——這可能和他們一開始所說的無關，而和他們沒有表達出來的事物有關。和她通過電話之後，我寫了以下這封信：

親愛的薇爾：

你在信中寫到，表妹布蘭達和朋友哈利自盡一事，並提到你容許自己對他們的死亡感到的脆弱悲傷。你說，布蘭達在自殺以前看來根本沒有問題，甚至還很快樂。所以你寫說：「我們不曉得別人心裡到底在想什麼。」由於不想只是簡單地回你一封信，一個小時前我打電話給你，想要先聽聽你怎麼說。

有件事是我們今晚所沒有談到的，那就是大家有多麼容易錯過想自殺的人的徵兆。我自己也曾考慮自殺，當時，不論是朋友、家人或是配偶，沒有人發現我的情感潛艇已經潛到多深的地方。我們有些人在外表上是一個樣，但內在卻藏有另一個活生生的自己，無法破繭而出。這就是我們的感受：沒有出口。即使我們的生活看起來好像還可以的時候，我們也可能會有這種感受。不幸的是，有些人會選擇潛入內在的世界，讓自己消失於其中，再也沒有人可以找到他們，除非他們想要接受你的幫助而再度浮出表面。

對我來說，作為人類就是要選擇你的生活，而不是被指派要怎麼過日子；人有活下去的義務，或接受自己的宿命。選擇人生對我們來說是個再確認，確認我們的生活是我們生來就該過的生活。這就是為什麼，每隔一陣子我就會讓自己停下來，思考我如何打發——事實上是投資——我的生命，因為我發現這是個很好的體驗。

我感到非常遺憾，你的表妹和朋友不能在人間以他們實質的存在為你的或我們的生命增添光彩。你說你很難理解，他們為何無法跳脫當下的痛苦來看事情。不過有時候，只有當別人離開了我們，我們才能警醒過來，被迫對生活更有自覺，帶著更多的疑問、更深的瞭解和更多的承諾。

當你認識的某個人決定自殺，你可能會覺得悲傷、慌張和罪惡，甚至還會對那個人沒有求助於你而感到憤怒。我們對自殺的觀感會受到人生的經驗影響——薇爾無法理解爲何朋友要結束自己的人生，就是因爲她看到自己的父親爲了活下去而奮鬥，直到人生的最後一天。

朋友所愛的人自殺了，而你要對朋友說些什麼呢？這不是件容易的事。此時最好能夠先聆聽對方說話，不論是他們的疑問或需要傾訴的話。當某個人告訴你他們所愛的人自殺了，你最好先停下來深呼吸，然後觀察自己有什麼樣的感覺。讓你自己在說任何話以前，有時間察覺自己的失落或憤怒。這時候很適合表明，雖然你不曉得該說什麼，但你真的很關心對方。你可以溫和地問他，是否想與你分享他是如何接受已發生的事。你不是要去追究那個人是如何死的。你只是要讓朋友知道，你已經準備好要聽他訴說任何他需要表達的事情。

以下是我碰到的一個情形，那天我的朋友比爾告訴我，他兒子前不久自殺身亡。「你想跟我談談你兒子的什麼事嗎？」我問。比爾說，他希望朋友和家人能夠尊重兒子的選擇。「如果我覺得他死得很不值得，那他的生命也會變得沒有價值，」比爾解釋說。「我很想念我兒子。我希望他仍然活著，但我用尊重他的選擇來悼念他。他的精神是自由的；難過的是我們感受到的痛苦和對他已死的認知。」

如果你心裡開始對朋友的要求起了抗拒會怎麼樣呢？你可能會暗自想著，一個做爸爸的怎麼能說這種話——尊重他小孩死亡的選擇？這和我的宗教、信念以及父母的責任所具有的認知不合。他的憤怒去哪了？他的罪惡感呢？他怎麼能說出這種話來？當有人說出你沒有準備要聽到的話時，你很容易就會產生這種反應。如果你內心的批判聲浪不斷，你該怎麼辦呢？停下來，慢慢呼吸幾口氣。記得你的承諾：雖然很困難，但要記得，自己要和對方進行一場具有療效的對話，而不是要對方接受你的觀點或要你挑戰任何人的觀點。如果我因爲自己的不安而急著安慰比爾，我就不會聽到他如何接受自己的哀傷。對方通常會讓你知道他們需要的東西，他們會給你訊號，讓你知道他們要的只是你的聆聽，而不要你幫他們解決任何事情。這時你需要一點勇氣才能陪伴一位陷於失落感的人。你必須願意讓他們帶你走進他們的感受，即使同樣的事發生在你身上時，你可能不會有相同的感受。

有個方法能夠幫助你成爲一位不批判的聆聽者：在你準備寫信、打電話，或拜訪朋友之前先爲自己做好準備。首先，你可以和一個朋友、精神上的輔導，或一位家庭成員談談，以獲取一些有深度的見解。或者你可以私下寫下你自己的一些想法和感受，簡而言之就是讓它們走出你的體內。

當有人經歷所愛的人在突然間死亡或悲劇性的結束生命，而我們想辦法要提供這個人支撐下去的力量時，接受一件重要的事會很有用的，那就是不該由我們爲事情找出意義，如同比爾對朋友的要求。倘使比爾的朋友試著找出哪裡出了問題，就無法給予比爾慰藉。他的要求——要我們尊重一個人自殺的選擇——可能是個很高的要求。它提醒了我們，支持一個痛苦的人有時會讓我們在稍後獨處的時候強烈質疑起自己的信念。因爲要安慰別人，就必須支持他們的信念。所以，有的時候，我們所能做的最好的一件事只是問問他們，我們能否給他們一個擁抱。

當悲劇激發出行動

❖ ❖ ❖

→對突然發生的死亡做出反應←

你如何將悲劇轉換成正面的行動呢？

丹尼斯·考夫是位電視記者。當他被酒醉駕駛者在十字路口撞死的時候只有三十一歲。一位成人買了啤酒給兩位不到法定飲酒年齡的男孩子。當他們闖紅燈撞上丹尼斯的車子時，時速已經超過八十英哩。這件事發生在一九八五年十一月。

事情發生後幾個小時，我被叫到波斯頓的WBZ電視台。我當時在那裡擔任通訊主管和編輯。丹尼斯是我們最好的記者之一，他總是能在新聞報導中放一點自己的心在裡面。公司要求我幫助員工面對這個震驚、哀傷以及——很諷刺的——面對媒體。

我們很生氣也很受到傷害。我們誓言丹尼斯的死不會沒有意義。

我們知道自己必須做得比傳統的公共宣導還要多，除了告訴大家不要酒後駕車以外，我們自問：「我們能做什麼讓丹尼斯的死成爲一個啓發，讓其他人不要再死於酒醉駕駛之手？」

我們很幸運，因爲哈佛公共衛生學院認爲這起事件是個機會。由於丹尼斯的死，該學院正好可以和我們接觸並討論預防酒醉駕駛致死的新方式。院長之一的雲斯頓告訴我們，媒體和大眾似乎不瞭解，提高酒醉駕車的刑罰並無法有效防止酒醉駕駛殘害別人的生命。在當時，大多數的陪審員不想施加嚴厲的懲罰，因爲他們認爲自己必須以上帝的恩典行事。而且，陪審員顯然也不認爲酒後駕車者應該入獄服刑。

我們必須停下腳步，思考眞正的問題出在哪裡。在這之前，我們大家——公眾、媒體和法律——一致認爲停止他人酒後駕車的方法就是勸導他們不要這麼做。可是研究顯示，許多被捕的酒醉駕駛人是酒精上癮者，想要說服他們不要酒後駕駛根本就是白費功夫。我們必須嘗試走別條路。所以，我們將注意力放在社會上的飲酒人士。我們發現，我們必須改變文化，讓酒後駕駛貼上社會污名的標籤。對於不喝酒的人也必須有個新的社會規範，爲他們定義出一個社會上可以接受的角色。此外，還要對兩個人以上的團體提出這個訊息：「今晚由誰開車？」這代表我們已經將觀念注入他們的人際交往上，成爲社交的議題。

我們對麻州、美國以及這個世界上的酒醉駕駛法律做了一番研究。我們知道自一九三〇年代起，北歐人就相信，只要沾到一點酒精就完全不可以開車。他們的法律很嚴苛，但朋友和家人才是眞正讓人覺得不能接受酒後開車的力量。在美國，我們發現華盛頓特區地方戒酒方案曾與幾間餐廳進行一項爲期三個月的活動，對於宴會上承諾自己將開車送大家回家且不喝酒的人，提供免費不含酒精的飲料。他們將此活動稱做「指定駕駛方案」。我們決定進一步擴大這個計畫，創立第一個與麻州餐廳協會合作且普及全州的活動，如此一來，酒吧和餐廳就要負起責任不要給顧客太多的酒精。我們在電視和無線電台上廣播訊息，向閱聽大眾解釋指定駕駛的概念，而服務人員也接受良好的訓練，以對一群客人提出這個問題：「哪位是今晚的指定駕駛？」

當我們展開這項計畫時，這不過是一項只在麻州進行的先行計畫，並仰賴哈佛公共衛生學院和麻州餐廳協會的幫助。我們大家都冒了險，包括我們電台背後的老闆西屋廣播公司。我們懷疑這是否會成功，是否不開車的人反而會喝得太多，導致新的問題。但在執行一年之後，這項計畫成功了。傑把這個訊息帶到好萊塢後，這個活動更擴及全國。他說服電視劇作家和製作人開始將指定駕駛的概念放進劇本裡。我們永遠也不會忘記那個晚上，當山姆——廣受歡迎的電視劇集《歡樂酒店》裡的酒保——問一群顧客：「你們哪位是指定駕駛？」

許多市井小民曾在人生遭逢重大的問題之後，爲了要造成一些影響而付出特別的努力。茱蒂．歇波德的終生職志是在教育大家仇恨所帶來的昂貴代價——她的兒子馬休因爲同性戀的性向而遭人打死。在南西．波斯利死於癌症之後，她的家人與基督教青年會合作，接受政府補助創立「南營」，專爲受到癌症影響的孩童以及家人進行外展計畫。還有，「勿忘我基金會」是爲了幫助腦傷病患家庭而成立的。它的成立緣起，就是因爲南．祖貝爾的家人在面對嚴重腦傷的後患無窮時，得不到所需要的幫助。

當朋友和家人因爲一場悲劇而警醒，做出能夠長久遺愛人間的好事時，很少有人知道這需要付出多少的努力才能成功。成功是因爲有家庭、政府官員、銀行、立法者、媒體和陌生人的慷慨解囊。我們冒了險，學著如何傳達新穎且有時不受歡迎的訊息給大眾，並撐著一直做下去。我們因爲自己在做這件事而得到慰藉。我們發現，直到某件非常痛苦的事碰觸到我們存在的核心，啓發我們採取行動，否則我們永遠也不曉得自己能夠做到什麼。

無盡的哀傷

↓悲慟有如潮水般湧現↑

「哀傷就像潮水，」一位心理諮商師對電視觀眾說，「來去都由它。」這句話讓我感受到前所未有的衝擊。電視上正開始播放悼念麻州消防人員的儀式：消防隊據報以爲失火的廢棄倉庫裡有人，而在試圖救出這些人時，卻有六位隊員喪失了自己的生命。

幾天來，新聞一直在談這件事。那間冷凍儲存倉庫已經棄而不用了，但在失火當晚卻有人傳言，有兩位遊民可能在這寒冷的冬天裡以倉庫爲家。超過十二位消防人員衝進那個建築裡，試圖挽救兩位可能住在裡面的遊民。對消防人員來說，他們要救的人不論貧富也不論有家無家。他們的職責就是救人——任何人。然而，火勢失控了。濃煙自破碎的窗戶竄出。消防隊長決定召回所有人員撤離這棟建築，因爲火勢已經變得太過危險。但在大家撤離失火的建築後，卻有兩個人沒有回應點名。他們用無線電回話說自己缺氧，正被困在某個地方。

消防隊員的守則是要自己救自己。兩個人一組，他們衝進火場解救迷失在煙火中的夥伴，然而，他們的氧氣供應不足了。幾個小時後消息傳來，已經有六個人命喪火窟。六位有如兄弟般的同伴。一位消防隊員說：「一個人不會失敗。兩個人會。因爲你總是和同伴一起進去。」

我和許多人一樣，打開電視收看悼念儀式。我很好奇，想知道是什麼讓數萬人湧進麻州伍斯特這個城市，因爲它只是個中等大小，有著老舊磨坊和傳統價值觀，正掙扎著向二十一世紀前進的城市。我發現，原來有將近三萬名來自世界各地的消防人員是自費前來，爲六位殞落的英雄靜靜祈禱。不是三百人，不是三千人，而是三萬名從加州、夏威夷、澳洲和愛爾蘭不辭千里來到這裡的消防隊員。其中有二百五十人來自派拉蒙，包括公司總裁和副總裁。這些人全是要來向這六位——我們許多人視他們默默地回應假警報和闖入高聳煉獄爲理所當然的——英雄致敬。

悼念儀式清楚地傳達出一件事：**哀慟無了時**。這是一位實況轉播員對在家觀眾所說出來的評論。在理性上，我當然懂得這一點，但我從來沒有因此受到如此大的衝擊：只不過打開電視看著別人的哀傷，卻意外地讓我自己的哀傷浮現。看到這些生命就這麼短短地結束，並導致十七名孩童失怙，我想起我的人生以及我所失去的人。還有多少人也和我一樣，在看著這場哀悼儀式時，又重新感受到以往的失落呢？或許，你也曾在閱讀或看到某個人的死亡時有類似的感受——不管死的是名人，例如黛安娜王妃，或戰爭中一位不知名的小孩。你可能會想起自己曾有過的意外失落。

不，我爸不是消防隊員，他只是我的老爸，但他在我們還沒心理準備前就與世長辭。我媽死的時候是這樣，我的朋友丹尼斯死的時候也是如此。他們都走了好多年。當某件事故讓我們想起自己的失落，我們會自言自語地說，我還以爲自己已經不會再難過了呢！那場悼念儀式是個提醒，又一次提醒我們，你無法像埋葬一具棺材或灑骨灰般處理哀傷。如同電視上的悼念儀式所形容的，哀傷會如潮水般湧現。哀傷的浪潮有時會動搖你的步伐讓你失去方向；有時又會在你最預想不到的時候，像突然浪起的退潮般撲倒你；有時它們把精疲力竭的你抛回岸上；有時又以它們的力量擁抱著你，溫和地帶你走向沙岸。

麻州參議員泰德．甘迺迪對這股哀傷的浪潮也不陌生。在對消防隊員的悼念儀式上致辭時，他提到他父親一九五八年曾寫信給一位才剛失去兒子的朋友。泰德最大的哥哥死於二次世界大戰。他父親在十四年後的信中提及這場失落：

當你所愛的人離你而去，你會去想，如果再多活幾年他能做些什麼，也會思考在自己剩下的生命中你要做些什麼。然後，有一天，因為你必須活在世界裡，你發現自己又是世界的一部分，並試著完成些什麼——一些他沒有來得及完成的事。而或許，這就是事情會發生的原因。我希望如此。

哀傷的痛苦讓你知道，原來自己還活著。它讓你停下來向你所愛的人的生命致敬，也向你的餘生致敬。爲了安慰哀傷的人，不論是在事發後沒有多久或多年以後，我們常常需要默默看著他們痛苦而不試著讓痛苦遠離。哀傷不是你能「解決」的事。你學會讓它帶著你走，到任何可以再一次感受到你所思念之人的愛的地方。

或許
→這裡是天堂還是人間？←

❖ ❖ ❖

芭芭拉和比爾曾同屬一間數十億美元大公司的員工，但他們分別在不同的城市工作，她是總經理，而他則是董事會主席。他們的對話一向和業務有關——目標、利潤、進退維谷的客戶問題、競爭以及對員工的關懷。然而，當這兩位同事意外地發現彼此都在與癌症進行長期的抗爭時，他們打開了一扇非常不同層面的分享大門。有一天午餐時，芭芭拉告訴比爾，最近刊在《財富》雜誌上的一篇文章給她帶來多麼大的啓發。通用汽車的副董事長亨利．皮爾斯在文中談到自己與「惡性血證」抗爭時所經歷的靈魂探索。「我們需要更多高層主管與我們分享，面對困難時，他們在精神層面上的體驗，」她這麼對比爾說。她的評論促使比爾在他們一年一度的「關懷」午餐會上，以新的方式向她敞開心房。因爲我們的要求，他在一篇名爲「或許」的文章中寫出他的想法。

二〇〇〇年一月六日

我和芭芭拉在我位於聖路易的辦公室見面不過是一年以前的事。當時她告訴我，她已經看到路的盡頭了，因為她為了與癌症搏鬥已經盡了所有的努力。我們深刻地談論許多事情，但大多圍繞在生命、信仰以及信念方面，以及我們長而有趣的生命中所面臨到的一些意外的局面。那天我告訴她，我不認為她很快就會死，而且我們許多共同的朋友都有可能在她死前就先走一步。我告訴她，我認為自己也是這些人的其中之一，因為我的身體狀況也很糟糕——我有心臟的問題、攝護腺癌以及腎癌。

帶著點虛張的勇氣，我告訴她，我們應該安排每年在紐約共進一次午餐。她也勇敢地說：「當然。」令人驚訝地，我們撐過了這一年，於是我們坐在拉伯納汀餐廳用午餐。情況還是很危急，但她看來很好。她告訴我，她將在一月六日接受實驗性的手術，並表示她從一位聖地牙哥的醫生那裡學到的冥想過程幫了她很大的忙。

在我們的談話過程中，我問芭芭拉是否有宗教信仰。她說：「沒有，沒有真的信。」她說她還是相信上帝，但不太接受那些教條和儀式。我們在這方面找到共通點。我告訴她我和太太賈姬那天早上曾順道進入位於公園大道的聖巴薩羅穆教堂，為她以及其他的人禱告。我告訴她，雖然我不盡信牧師所說的話，但要向上帝祈禱並不那麼困難。我說，有一段時間我曾想過，許多人所想像的天堂可能並不存在，也許我們已經身在天堂。她聆聽我的想法，並要我答應把它們寫下來。我說我會寫的。今天，二〇〇〇年一月六日，似乎是個寫下來的好日子。

我們大家很難把我們在這個星球上的日子當成是在天堂裡。我們許多人生了病、處於飢餓的狀態、罹患愛滋病，我們的家園滿是衝突。許多人生來貧困，誕生於世界上比較不令人喜愛的地方。當然，我們這個世界是不完美的。但真的是這樣嗎？薩姆爾·強生幾百年前寫了一篇很棒的文章，在其中，他提出一個理論，即完美的整體是由不完美的部分所組成。完美並不是真的事事都美。

那麼，既然我們的世界有這麼多的不完美，是不是有可能在整體看來是完美的呢？它有可能就是天堂嗎？天堂就在人間嗎？我們許多人認為現有的人生之後還有來生，如果這樣的假設是錯誤的話，不是很有趣嗎？如果我們現在的生命就是活在天堂，不是很有趣嗎？如果我們很久以前曾經在另一段時間，另一個地方活過，只是透過一些選擇或宿命之類的過程而被允許在地球上過著另一段「人間天堂」的生活，那又會怎麼樣呢？

「但誰會稱這種生活是天堂的生活呢？」賓州西部的煤礦工人可能會大叫著說道。「這裡怎麼可能會是天堂？」索馬利亞饑餓的小孩可能也會這麼問道。或者對一個很有錢但不快樂到想自殺或自甘墮落的人，他怎麼會把這裡當成天堂？這個嘛，也許，不管以任何形式或在任何地方，在任何情況下，第二次的機會都是個禮物，值得我們珍惜、培養與發展。

許多相信有來生和天堂的人想像，天堂是個我們大家都活在和平、幸福和充盈之中的地方，那裡不會有邪惡、飢餓、爭執、衝突和失望。那是個你每次把線拋進水裡，就能釣到魚的地方，也是個不用擔心寒冷、炎熱或來自於人類、野獸或病毒傷害的地方。但這真的就是「天堂」嗎？

不完美的生活有沒有可能真的很完美？我們有沒有可能需要競爭，需要努力，需要時常有失望、壓力和限制，之後才會享受到快樂與興奮？失敗是否有時候對我們很重要？在生活的盡頭，當我們的生命將結束之際，能感覺到疲累和精疲力盡是否還比較好？在面對很大的困難時，我們有的時候可以克服，但終究還是明白自己不可能永遠活下去，這種感覺是否會比較好？

或許，我們在地球——在人間天堂——的生活代表著結束，而且還是最後的結束？或許，在地球上的日子的最後，我們應該閉上眼睛微笑，並感謝上帝給予我們這第二次的人生，一段在人間天堂的生命？或許，我們應該要感到滿足，甚至幸福，因為所謂完美的天堂並沒有在哪個地方等著我們？或許喔！

或許我們大家是有來生的——活在別人對我們的記憶之中。或許天堂或地獄就是別人在我們告別此生之後對我們的記憶，好或不好的記憶。當他們聽到我們的名字時會微笑嗎？他們會回想起我們和他們共渡的美好時光嗎？他們會把我們幫助他們找到的希望帶進自己以及其他人的人生嗎？我們是否繼續在家人和朋友的生命中長存？或許在我們的肉體消失之後，我們變成他們的一部分，甚至成為比我們還活著的時候更大更重要的一部分？有沒有可能我們曾是先人的一部分，而現在將成為來者的一部分？或許喔！

謹獻上我的愛

比爾

我們每個人都有自己的故事，但很少告訴別人，因爲我們不確定別人會如何看待我們的故事。或許這是因爲我們覺得自己沒有說故事的能力；或許我們不確定自己是否準備好要開放自己。我非常感謝芭芭拉有天晚上和我分享比爾的故事，也很感謝比爾願意把故事寫下來，因爲他寫完故事後沒幾個星期，病況突然急轉直下，很快就離開人世了。假使他沒有寫出自己的故事，那他就會他把對人生的特殊想法也跟著帶走，家人、朋友和我們當然也就無從得知了。

有天當事情一件件全部出了問題，或者是沒有照我的計畫進行，比爾的故事能爲我帶來了慰藉。因爲我突然間想起他的故事，然後轉而納悶，如果我把今天當作是在天堂的一天而非地獄的一天，會怎麼樣呢？透過這種鏡頭看事情，我得到一股力量，把感覺上無望的一天轉變成能夠活在地球上還算滿幸運的一天。僅僅只是一個故事，就能帶給我們這麼大的療癒能力。

省思

❖ ❖ ❖

→此時無聲勝有聲←

有時候，事情實在太可怕了，讓人簡直要停止心跳。我們的喉嚨卡住，心靈麻木，而且無言以對。這是在二〇〇一年九月十一日那天，美國遭到恐怖份子襲擊後，我們大多數人所經歷到的感受。全世界的人都看到難以置信的畫面，並經歷了前所未有的感受。我們心想，不可能會發生這種事。但它就是發生了。

那天，對你有意義的是什麼呢？你有沒有溫柔地握著某個人的手？讓某個人靠著你的肩膀哭泣？不在乎別人的眼光容許自己啜泣？借某個陌生人使用你的行動電話？載別人一程或讓別人暫時借住在你的房子？幫助某個陷入困境的人？造訪或打電話給獨居的朋友或鄰居以提供慰藉？祈禱？告訴某人：「我愛你」？或者，你是個默默關懷的目擊者，將所有人——你和你身邊的人——的恐懼和悲慟都看在眼裡？

當我們內在最美好的部分能夠超越年齡、種族、收入、性別、文化和角色而觸及別人時，就是人間有愛的時候。當我們身陷困惑、恐懼、憤怒或不確定的時刻，我們可以想想，有沒有什麼是我可以付出的？或者，反過來，我能坦白說出自己的需求嗎？

看來，在無以言喻的恐怖中，我們確實能付出一些有力的東西。我們可以用善意的一刻，把一顆受傷的心與另一顆連結在一起：給疲憊的警衛一個微笑；向消防隊員、警官或義工說聲謝謝；向看來迷失的陌生人問一聲：「我能幫你什麼忙嗎？」或者我們可以當個安靜但心有承諾的目擊者：造訪紀念的地點向死者致敬；或向他們所愛的人的勇氣致敬，因為他們激勵我們拾起生活的碎片，讓我們得以重整自己的生活。我們停頓下來，在其他人的陪伴下尋得力量，或開口要求別人的幫助以面對未來的日子。

當我們說不出話來的時候，還是可以付出或要求別人對我們做一項很有用的事，那就是專心傾聽。讓別人傾吐他們的心聲——他們受到的傷害以及心中的疑問、希望、慌張或憤怒。或者如愛爾蘭柏法斯特的牧師艾登·特伊（Aidan Troy）在接受《今日美國》（*USA Today*）報紙的訪問並提及其他國家是如何面對暴力時所說的：「找個人談談。我指的不是心理諮商師，而是一個朋友或一群人。我們大家都在同一條船上。」又或者，如果人們不能或還沒準備好要談發生的事——他們太過震驚以致於說不出話來——他們或許能在我們體貼關愛的沉默中找到慰藉。

我們有一群人在那個早上選擇一起面對這起攻擊事件。我當時離家三千英哩，正在西岸商務渡假旅館裡。一開始我們不確定到底發生了什麼事，也不確定這對世界而言會有什麼意義，我們納悶是否可以或應該繼續進行我們的聚會。我們當中有些人是坐飛機來參與這場聚會的，他們有種進守失據的感覺；我們大家都想回家和家人團聚。我們想知道什麼是該做的事，什麼又是該說的話。

我們用了一點時間閉上我們的眼睛，默默地將我們的祈禱和思想傳達給需要的人。然後我們做了一件很少在商業聚會上會做的事。有個人柔聲詢問大家可不可以牽牽彼此的手。我們審慎地環顧四周，以瞭解是否有任何男女——有些人才第一次見面——會對此感到不安。每個人都溫和地點點頭，所以我們重新安排座椅，讓大家能靜靜地圍著橢圓型的桌子手牽手坐著。接著，公司裡最新的成員——一位九歲兒子的父親——張開眼睛哽咽著說，他不知道其他人的感覺怎麼樣，但他需要一個擁抱。他問是否也有其他人需要擁抱。我們慢慢站起來，笨手笨腳地走向他那一頭，然後安靜地彼此擁抱。那天，我們對一位同事所表達出來的關心是無聲勝有聲。

在我們坐下之後，公司的創辦人說：「我希望在這家公司，我們永遠都能開口向別人要求我們所需要的，而如果這是哭泣、擁抱或發洩，我也希望我們能夠不要感到難為情。」坐在桌邊的人全都點點頭，我們感到安心，因為在面對一件超出我們所有人能力所及的事件時，我們花時間聯繫彼此的感受，讓這件事變得稍微可以忍受。

那天稍後，我們和其他數百萬感覺無助的人一樣，都想知道自己能做什麼。就在這個情感的黑洞中心，紐約市長朱利安尼出現在電視螢光幕上，敦促全世界的觀衆花點時間和別人聯絡，尤其是對老年人和獨居人士。「大家都在害怕，」他說，「而且很憤怒。請握著他們的手，提供他們慰藉。」

在暴力事件過後的幾天、幾週和幾個月後，我們許多人瞭解，對於那些置身原爆點的人——不論是世界貿易中心、奧克拉荷馬市、柏法斯特，還是科倫拜恩——沒有什麼是我們能做能說的。我們只能自問自己如何在家的附近，不論是在工作上、社區裡，或在自己的家中，和別人通力合作。朋友們誓言要更常見面。有些人比以前更願意去捐血，而不是等到發生了全國性的大災難才想到要捐血。其他人打電話給宗教組織或市民機構表示要當義工。家庭成員則思考著，也許我們該每個月固定有一個家庭之夜或電話團聚。或者如一位同事所寫的：「我想知道，我們如何才能將這股與人接觸並聯繫彼此的社會風潮延續下去，而不是靠一場大災難才能給予我們這麼做的勇氣。」

還有一些人停下來重新排定人生的優先順序——也許辯解誤會現在變得不是那麼重要。對某些人來說，一場意外的災難讓我們想要把空氣中任何侵擾我們靈魂或他人靈魂的事物一掃而空。

在悲劇發生之後，尤其是暴力性的，我們會用不同的眼睛看事情，用不同的耳朵聽聲音，並因為在自己的脆弱中找到力量，所以能給予別人一個溫和的撫觸。如同在紐約證交所重新開盤的那天，一位華爾街老大哥回答新聞主播的問題時所說的：「不，這裡以前並不是個『擁抱』的地方。但現在，」他說，攝影機同時顯示出，同事們在發現誰還活著的時候淚眼汪汪地互相擁抱，「現在是了。」

我們誓言將所目擊到的痛苦謹記在心，因此能團結在一起，並創造出一道跨越恐懼之河的橋樑。懷著我們終將復原的希望，我們準備重建一顆受傷的心，一個坑坑疤疤的城市，一間毀壞的學校，一家消失的公司或一個受到重創的國家，用一次次的呼吸、一個個小時、一塊塊磚頭、一次次擁抱，或一句句的呢喃祝福。

❖結語～療傷需要時間

不論是失去工作、失去健康，還是失去所愛，請記得：療傷需要時間。我們想要趕快好起來，趕快恢復正常，趕快忘了痛苦，再次快樂起來。可是，我們無法回頭，無法恢復原狀，無法讓療傷的過程按部就班進行。儘管想要幫助我們的朋友和家人是多麼盼望我們盡快走出陰霾，但這偏偏這就是在他們的能力範圍之外。

失落的傷痛有很多不同的層面。

療傷和找到途徑走進你心中那塊被封鎖起來的地方有關；療傷也是關於獨自一人、遁隱於世，或找人陪伴；它也和治療、寫日記、海邊的步、與朋友談話、自我幫助或教你如何忘記痛苦的書籍有關。

當我向朋友珍妮請教，一個人要如何才曉得自己已經走出傷痛時，她說：「療傷是一天二十四小時的過程。」

對我來說，療傷就像是個花園：你種下的種子正在土壤中成長。有陣子你什麼也看不到，直到有足夠的雨水、陽光、時間、施肥和鋤草之後，才會有東西長出來。

療傷也需要勇氣——在痛苦似乎超越我們所能承受的時候，繼續勇敢地活下去。我們需要的朋友是能聆聽我們的麻木、自我否定、猶疑不決和憤怒；我們需要的朋友是能容許我們忽視他們的好意，或是在我們需要他們的時候伸出援手的人；我們需要的朋友是能接受我們哭泣，或不哭泣，或幫助我們對事情一笑置之的人。我們的情況可能時好時壞。當我們以爲自己不會再爲了一首歌、一個思緒、一份記憶、一些話語而難過的時候，卻又轟然發現，自己還是沒有走出傷痛。我們感覺自己像是才剛爬上一座山，卻又滾回山底之下。所以，當我們和朋友在一起的時候，我們需要能夠大膽顯露出自己的混亂和不合情理，並且知道，過了這天，他依舊會是我們的朋友。

我們常常在試著幫助某個人度過困難時說：「時間會醫好所有的傷口」、「不經一事，不長一智」、「雨過總會天晴」、「這樣算是不幸中的大幸了」、「大難不死必有後福」。這些諺語可能有幾分眞實性，但當某個人進入療傷的過程，不管快或慢，都是很個人的事。沒有任何人是一樣的，不論是喪偶、離婚、被公司解雇、罹患某種疾病、搬家，還是面對工作上的困難局面。我們都有自己的故事，這些都是我們的歷史，而它們會在我們陷入痛苦時發揮影響力。對於什麼才會造成別人受到傷害，或什麼才能幫助他們療傷，我們不見得都能瞭解。這就是爲何他們需要我們耐心對待。喔！我們要非常非常地有耐心才行。

有時候，我們能從朋友和家人那裡得到安慰。但有時候，很奇怪的，他們會讓我們失望。反而是飛機上陌生人的善意——當他們懷有聆聽的智慧時——可能會讓我們感到訝異。不論對方是有意還是無意，我們可能出乎意料地被善意所感動。那就像是個意外的驚喜。

對話也能具有治療的效果嗎？我們遲早都會和自己來上這麼一場對話。我們會自己問自己，爲何會發生這件事？我們會想，假如怎樣會怎麼樣。我們在心中回想已經發生的事或想像那些沒有發生的事。我們納悶，在這當中究竟還有什麼更深一層的意義。我們自問，我學到了什麼嗎？從此又將有什麼變化？

我們甚至可能冀望高於人類的力量、宇宙、神靈或上帝——不管我們信的是什麼——能和我們說話，給予我們指引。不然我們也可能撇過頭去，因而無法聽到有人在和我們說話，或覺得沒有人在聽我們說話。對於朋友或較高力量所說的話，我們或許喜歡或許不喜歡，或許相信或許不相信。我們可能需要時間才能瞭解如何遵循那個就在我們面前的指引。我們甚至需要花上好幾年的時間才能瞭解，在已成往事的痛苦經歷中，我們於無意識中扮演了什麼樣的角色。舉例來說，當有人傷害到我們時，沒有大聲把傷害表達出來的我們扮演了什麼樣的角色；當工作環境變得很不良時，仍待在那裡沒有離開的我們又扮演了什麼樣的角色。我們需要朋友別去懷疑我們爲何這麼久才能大澈大悟。

最後，療傷的對話還和原諒有關。我們或許能在對方或我們自己離開人世前就原諒對方。但我們也可能沒有準備好要原諒對方，或者沒來得及趕在對方或我們死亡前原諒對方。我們可能在對方走了很久以後，才找到原諒對方或尋得對方諒解的方法。有的時候，除非我們能夠原諒自己，否則我們無法眞正地療傷。

不論你的角色是朋友、同事、家人或偶然遇到的陌生人，陪伴傷者療傷的人需要耐性、幽默感，以及給予深度見解的善意和勇氣。你會告訴他們，那些他們也許不想聽到的事。而在說話以前，你會給予自己足夠的**停頓**時間，以便找到方法幫助他們面對現實。

在療傷開始發揮作用之後——不論那是你在他們眼中重新看到的光芒、在他們聲音中再度聽到的活潑生氣，或是感覺到他們對工作的熱情、察覺到他們朝著新方向所踏出的無形步伐——你會把傷者自己不一定看得到或聽得到或察覺得到的事情反映出來，讓他們知道，而這對他們來說，可能就像個天上掉下來的禮物。

這正是某個男人有天送給他一位女性朋友的禮物：在撥電話給當時已經歷幾個月痛苦療傷過程的她時，他意外地從她電話答錄機中的聲音聽到了一些訊號，而他想讓她知道。「我可以聽到妳不再被痛苦撕扯。妳已經開始在療傷了，」他這麼告訴這位朋友。她之前一直處於太過震驚和痛苦的狀態之中，因此沒有發現自己已經步入療傷的階段。在這麼樣的一個時刻裡，療傷，恰恰在於一個溫柔的提醒。

感謝

在這些來自於朋友、陌生人、家人和我的故事中，或許你看到自己或某個你關心的人。有件事是肯定的，那就是少了人與人的連結，這本書不會送到你的手上，而這個連結之所以會產生，是因爲有某個人出現在我的生命中，幫我度過難關或介紹我認識另外一個有著激勵人心故事的人。以下，我不只感謝一同締造這個關懷連結的人，也感謝那股讓我們每個人在**正確的時間**進入彼此生命的宇宙力量。

母親過逝後，我剛好因爲工作的關係而到處旅行，當時我藉由和別人分享一些故事來面對悲傷，其中包括那些手足無措或如灑骨灰等意外時刻的故事。許多人要求我把故事寫下來，他們想要用這些故事安慰其他那些日子也不好過的人。感謝我的兄弟，詹姆士和肯，以及我的妹妹羅黎，慨然允許我分享我們的故事。

母親過世九年後，我離婚了，變成一個人生活，並學著面對海邊的寒冬。我常常向一位鄰居和她的家人求教一些實際的生存技巧，而我對這些技巧的缺乏也令她們備感詫異好笑。有天她又一次聽到我說，我有天一定要寫一本教別人如何幫助別人的書。「我給你八個月的時間開始寫書，如果你八個月後還沒有動筆，你就永遠也寫不出來，」她對我說。我要向這位我視爲「教母」的鄰居說聲謝謝，感謝她出於關愛而對我直言不諱；我也要感謝她的家人，寬容地讓她在我所寫的故事上耗費數百個鐘頭，使她能在閱讀過後幫助我瞭解什麼是重要的，什麼又是不重要的。

不過，如果不是因爲麗絲．凱，我永遠也不會遇到我的鄰居。在某個十月的大雨天中，麗絲開車載著我一個城鎮一個城鎮地跑，幫我找到一個臨海的居住地方。謝謝你，麗絲，多年來一直陪在我的身邊。

在我的世界看來全都那麼黯淡之際，陪著我的，還有我的同事兼一生的良師洛根．盧米絲。沒錯，就是「一切都不會有問題的，寶貝」故事中的洛根，他很有耐性地幫助我看到希望之光。

我自己曾經歷過的、力量最大的療傷對話，發生在和比爾．阿姆斯壯談話的時候——他是我的按摩治療師、老師，也是朋友。比爾，我對你的感謝超過言語所能形容。當然，我的生命中還有其他治療者，他們都在我面臨人生中的不確定時對我照料有加：鮑伯．維迪柯醫生、喬維絲．亞當森醫生、安東尼．迪希烏洛醫生、約翰．威爾（還有和他們一起工作，付出關懷的護士和員工），以及詹姆士．瓦斯拉斯基。魯迪·安絲貝區醫生和威爾·卡瑪斯一直深信這本書能培養我們大家聆聽與互相關懷的能力。我也要感謝深具同情心的「電腦醫生」安迪·阿加保以及永遠都那麼有耐性的凱斯·哈利斯。

其他的朋友，也就是我越來越擴大的家庭成員們，也曾在我感到有些迷惘時幫助我轉個方向，他們分別是摩西·漢莫、佛瑞德·諾伍、艾蜜莉亞·努西歐、聖提娜·西亞法、珍妮·琳德漢、派德和吉姆、愛麗絲和拜爾德、魏利斯和瑪莉安、里克和安妮、雪莉和艾德·哈布森、瓊安和肯·利可爾、薇爾、彼得·歐比林、大衛·安德森、珊蒂·亞當斯、尼爾·席夫曼、阿拉·馬拉西蘭牧師和鮑比——謝謝你們。對於克里斯多佛始終不變的友誼，以及拉斯馬尼·戴柏拉·歐斯一輩子的教誨，我眞的是銘感五內。

沒有這些說故事的人就不會有這本書。他們鼓起勇氣讓我仔細聆聽他們說的話，聽到他們眞正的意思，也聽到他們自己都還不曉得要如何表達的事。謝謝你們大家——**你們知道我指的是誰**。特別要感謝的是芭芭拉·瑞菲爾，她常常奮不顧身地與我分享她活下去的願望，以幫助其他也有同樣處境的人。

一個人如何才會願意幫助別人呢？我有幸能學習到這個課題，而給我學習機會的是我在CBS WEEI新聞電台的上司和同事、已故的參議員保羅·充格斯和他的員工，以及WBZ-TV和西屋廣播公司。特別感謝WEEI的麥克・輝勒、前WBZ-TV的總經理西・亞諾夫，以及WTV集團的名譽總裁、湯瑪士・葛傑，他們讓我有機會代表有需要的人出來說話。我還要祝福那些懷著使命工作的新聞編輯、製作人、才華洋溢的廣播人，以及其他職員們，他們讓「指定駕駛方案」以及「爲了孩子之故」的活動得以實踐——特別是艾咪・麥克葛雷格—拉丁、金・哈賓、安德魯・拉丁、路意絲・洛奇、艾咪・佛雷德蘭、史考特・珊曼菲爾，以及蘭迪・可明頓。

如果沒有「克里帕魯瑜珈和健康中心」（Kripalu Center for Yoga and Health）的個人成長課程，這本書就不會找到出版社。我在那個中心學到如何才能把自己的批評放在一邊，試著用心聆聽，並眞正學習珍・尼克森的精神。過了幾年後，這位踏實的朋友把我介紹給前出版商凱倫・史皮爾史達，後者把我介紹給我的代理人多瑞絲・麥可斯，多瑞絲又把我介紹給蓋瑞・辛戴爾，後者再把我的書介紹給我細心的編輯兼精神導師Jossey-Bass出版社的雪若・富勒頓。特別感謝傑西卡・艾格柏、傑西卡・喬奇、馬克・克爾、瓊安・克萊普・富拉加爾、丹尼斯・卡利格，以及許許多多Jossey-Bass的團隊成員，他們投入額外的努力才讓這本書能送到讀者手中。Jabberwocky書店的蘇・里特和保羅・阿布拉齊是我不變的支持者，他們在我一路尋找合適的出版商時給我鼓勵，叫我不要放棄。

約翰・席勒爾和他太太凱薩琳是我難以忘懷的客戶、良師益友和朋友，他們把我介紹給「眞實領導者中心」（the Center for Authentic Leadership）犧牲奉獻且勇敢的創辦人珍・史密斯。本書內許多故事都來自於該中心的參與者，他們敞開心胸和我分享自己的事情。

故事還有另一個重要的來源，那就是我的客戶。謝謝你們即使困難還是把新學到的溝通技巧付諸實現。凱羅・柯恩和珍斯・奔恩是開路先鋒，率先把勇敢的對話這種概念引介給自己所屬的團隊。另外，我要特別向桑德斯家致謝，因爲他們不只在家中，還在工作上運用了療傷對話的原則，並且在我最需要的時候，提供我最理想的寫作地點。

你們可以想像到的，我爲了寫這本書耗費了數千個小時，其中又以在電腦前寫作的時間最多，而陪伴著我的則是彼得・卡特的療效音樂。謝謝你，彼得，謝謝你錄下了《*Essence*》和《*Compassion*》這兩張專輯。

最後，我要向許多陌生人說聲謝謝，你們的善意對我的意義永遠比你們所知道的還要多很多。其中一位陌生人是喬・史丹格奈里，他是Staples印刷店的經理，在幫我把初稿印出來時特別審愼，使它能擄獲出版商的心。那天，他沒有當我是個要求複印的客人而已，他發現這本書可能具有的意義。畢竟，誰又能夠知道，一個關懷的動作對**諸事不順**的人來說會有什麼樣的意義？

國家圖書館出版品預行編目資料

療傷的對話／南絲・格爾馬丁（Nance Guilmartin）著 林雨蒨 譯
-- 二版. -- 台北市：商周出版：家庭傳媒城邦分公司發行；
2005.07 面： 公分.（Awake；27）
譯自 Healing Conversations: what to say when you don't know what to say
ISBN 986-124-520-0（平裝）
1. 溝通

177.1 94020327

Awake 27

療傷的對話

原著書名／Healing Conversations: what to say when you don't know what to say
作者／南絲・格爾馬丁（Nance Guilmartin）
譯者／林雨蒨
企畫選書／陳玳妮
責任編輯／陳玳妮
版權／林心紅

行銷業務／李衍逸、吳維中
總編輯／楊如玉
總經理／彭之琬
事業群總經理／黃淑貞
發行人／何飛鵬
法律顧問／元禾法律事務所 王子文律師
出版／商周出版
城邦文化事業股份有限公司
台北市中山區民生東路二段141號9樓
電話：(02) 2500-7008 傳真：(02) 2500-7759
E-mail：bwp.service@cite.com.tw
Blog：http://bwp25007008.pixnet.net/blog
發行／英屬蓋曼群島商家庭傳媒股份有限公司城邦分公司
台北市中山區民生東路二段141號2樓
書虫客服服務專線：02-25007718・02-25007719
24小時傳真服務：02-25001990・02-25001991
服務時間：週一至週五09:30-12:00・13:30-17:00
郵撥帳號：19863813 戶名：書虫股份有限公司
讀者服務信箱E-mail：service@readingclub.com.tw
歡迎光臨城邦讀書花園 網址：www.cite.com.tw
香港發行所／城邦（香港）出版集團有限公司
香港灣仔軒尼詩道235號3樓 Email：hkcite@biznetvigator.com
電話：(852) 25086231 傳真：(852) 25789337
馬新發行所／城邦(馬新)出版集團 Cite (M) Sdn. Bhd.
41, Jalan Radin Anum, Bandar Baru Sri Petaling,
Kuala Lumpur, Malaysia.
Tel: (603) 90578822 Fax: (603) 90576622 Email: cite@cite.com.my

封面設計／江孟達
排版／極翔企業有限公司
印刷／韋懋實業有限公司
經銷商／聯合發行股份有限公司
新北市231新店區寶橋路235巷6弄6號2樓
電話：(02)29178022 傳真：(02)29110053

■2003年7月25日初版
■2019年5月13日三版9刷
定價 260元

Printed in Taiwan

城邦讀書花園
www.cite.com.tw

ISBN 986-124-520-0

廣　告　回　函
北區郵政管理登記證
北臺字第000791號
郵資已付，免貼郵票

104　台北市民生東路二段141號2樓

英屬蓋曼群島商家庭傳媒股份有限公司城邦分公司　收

請沿虛線對摺，謝謝！

書號：**BX1027X**	書名：療傷的對話	編碼：

請於此處用膠水黏貼

讀者回函卡

感謝您購買我們出版的書籍！請費心填寫此回函卡，我們將不定期寄上城邦集團最新的出版訊息。

姓名：＿＿＿＿＿＿＿＿＿＿＿＿＿＿＿＿＿＿＿＿ 性別：☐男　☐女

生日：西元＿＿＿＿＿＿年＿＿＿＿＿＿月＿＿＿＿＿＿日

地址：＿＿＿＿＿＿＿＿＿＿＿＿＿＿＿＿＿＿＿＿＿＿＿＿

聯絡電話：＿＿＿＿＿＿＿＿＿＿＿＿ 傳真：＿＿＿＿＿＿＿＿＿＿

E-mail ：

學歷：☐ 1. 小學 ☐ 2. 國中 ☐ 3. 高中 ☐ 4. 大學 ☐ 5. 研究所以上

職業：☐ 1. 學生 ☐ 2. 軍公教 ☐ 3. 服務 ☐ 4. 金融 ☐ 5. 製造 ☐ 6. 資訊
☐ 7. 傳播 ☐ 8. 自由業 ☐ 9. 農漁牧 ☐ 10. 家管 ☐ 11. 退休
☐ 12. 其他＿＿＿＿＿＿＿＿＿＿＿＿＿＿＿＿＿＿＿＿

您從何種方式得知本書消息？

☐ 1. 書店 ☐ 2. 網路 ☐ 3. 報紙 ☐ 4. 雜誌 ☐ 5. 廣播 ☐ 6. 電視
☐ 7. 親友推薦 ☐ 8. 其他＿＿＿＿＿＿＿＿＿＿＿＿＿＿＿＿

您通常以何種方式購書？

☐ 1. 書店 ☐ 2. 網路 ☐ 3. 傳真訂購 ☐ 4. 郵局劃撥 ☐ 5. 其他＿＿＿＿

您喜歡閱讀那些類別的書籍？

☐ 1. 財經商業 ☐ 2. 自然科學 ☐ 3. 歷史 ☐ 4. 法律 ☐ 5. 文學
☐ 6. 休閒旅遊 ☐ 7. 小說 ☐ 8. 人物傳記 ☐ 9. 生活、勵志 ☐ 10. 其他

對我們的建議：＿＿＿＿＿＿＿＿＿＿＿＿＿＿＿＿＿＿＿＿＿＿
＿＿＿＿＿＿＿＿＿＿＿＿＿＿＿＿＿＿＿＿＿＿
＿＿＿＿＿＿＿＿＿＿＿＿＿＿＿＿＿＿＿＿＿＿

請於此處用膠水黏貼